Das österreichische Steuersystem des Bundes, der Länder und Gemeinden und die Kapitalbildung

Von

Dr. A. Spitzmüller,
Minister a. D.

Sonderabdruck
aus Schriften des Vereins für Sozialpolitik
Band 174 IV

Verlag Duncker & Humblot, München
1929

Pierersche Hofbuchdruckerei Stephan Geibel & Co., Altenburg, Thür.

Inhaltsverzeichnis.

		Seite
I.	Einleitung	1
II.	Gliederung der Abgaben und Abgabenteilung	8
III.	Bundes- und gemeinschaftliche Abgaben	10
IV.	Die Abgaben der Länder und Gemeinden	25
V.	Gesamtsteuerbelastung, Kapitalbildung und Abgabenverwendung	36

I. Einleitung.

Die Frage des Einflusses der Besteuerung auf die Kapitalbildung gehört wohl zu den schwierigsten, bei den Verhältnissen, wie sie sich auf dem Gebiete des Steuerwesens in der Nachkriegszeit in den meisten Staaten herausgebildet haben, aber auch zu den aktuellsten Fragen der Finanzwissenschaft. Im allgemeinen wird man von einem Steuersystem, das von den Steuerträgern in ihrer Gesamtheit als drückend empfunden wird, annehmen dürfen, es beeinträchtige die Kapitalbildung. Insbesondere gilt dies auch von erheblichen, die breiten Massen treffenden Steuern auf Gegenstände des täglichen Lebensbedarfs. Denn solche Steuern führen in der Regel eine Einschränkung des Konsums in den betreffenden Artikeln, ein Sinken des Lebensstandards der von ihnen belasteten Bevölkerungsschichten herbei, bilden also vollends eine unübersteigliche Schranke gegen die Reservierung von sei es auch nur kleinen Einkommensteilchen. Die Möglichkeit einer solchen Reservierung ist aber die elementarste Voraussetzung für den Beginn eines Kapitalbildungsprozesses. Im Hinblick auf diese Zusammenhänge werden nicht nur die für die Struktur eines Steuersystems maßgebenden direkten Steuern, deren Einfluß auf die Kapitalbildung in die Augen springend ist, sondern auch die sogenannten Massensteuern in den Kreis der Betrachtung gezogen werden müssen.

Während die Abgabe genereller Urteile über die zwischen Kapitalbildung und dem Steuersystem eines Staates bestehenden sachlichen Beziehungen zumeist keinen allzu großen Schwierigkeiten begegnen wird, verhält es sich wesentlich anders, wenn es sich darum handelt, die Einwirkung einer bestimmten Steuer auf den Kapitalbildungsprozeß festzustellen, eventuell eine konkrete Beeinträchtigung desselben im einzelnen, namentlich hinsichtlich des Grades und des Ausmaßes, nachzuweisen. Eine Beobachtung der Wirkungen der Steuer bis in die letzten Verästelungen im Rahmen der modernen höchst komplizierten und differenzierten Wirtschaft kann nur ein zweifelhaftes und undurchsichtiges Bild ergeben und wird zu endgültigen und unanfechtbaren Schlüssen bezüglich unseres Problems kaum berechtigen. Eine Aus=

nahme werden etwa offenbar unangemessen hohe Steuersätze — insbesondere bei den Einkommen und Ertragssteuern — oder schwerwiegende Härten und Mißgriffe der Steuerveranlagung bilden.

Ein erschöpfendes Urteil über die Beeinflussung der Kapitalbildung durch ein Steuersystem wird schließlich auch die Frage der Steuerverwendung nicht ganz außer acht lassen dürfen. Denn die Forderung, daß die Verwendung des Steuerertrages die Kapitalbildung begünstigen soll, wird neuerdings mit vollem Ernste gestellt, und ihre Erfüllung liegt sicherlich im Bereiche der theoretischen Möglichkeit. Eine andere Frage, für deren Untersuchung sich im weiteren Verlaufe dieser Darstellung noch Gelegenheit ergeben wird, ist es, inwieweit die beregte Forderung praktisch realisierbar ist und ob die unmittelbar nachteilige Wirkung einer Steuer auf die Volkswirtschaft durch zweckmäßige (produktive) Verwendung des Steuerertrages ganz oder teilweise paralysiert oder durch diese Verwendung sogar eine Wirkung erzielt werden kann, die per saldo als nützlicher Überschuß zugunsten der Volkswirtschaft zu buchen ist.

Von vornherein sei bemerkt, daß die kritische Prüfung eines Steuersystems vom Standpunkt der Beeinflussung der Kapitalbildung durch dasselbe in einem Lande, wie es das neue Österreich ist, zum mindesten dann, wenn aus dieser Prüfung und nach Maßgabe des Resultates derselben Forderungen wegen Umgestaltung oder Eliminierung der die Kapitalbildung hemmenden Steuern abgeleitet werden sollen, als eine ungemein heikle Aufgabe bezeichnet werden muß. Österreich ist unter den durch die Aufteilung des Territorialbestandes der alten österreichisch-ungarischen Monarchie gebildeten Staaten unzweifelhaft jener, dessen Lage verhältnismäßig am prekärsten erscheint. Auch wenn man die katastrophalen politischen Folgen des Zusammenbruchs als nicht hierher gehörig ausscheidet, obwohl dieselben bei Beurteilung der Wirtschaftslage mindestens als imponderable Faktoren mit in Kalkül gezogen werden müßten, bleibt die Tatsache bestehen, daß Österreich in wirtschaftlicher und sozialer Beziehung mit Schwierigkeiten und Hemmungen zu kämpfen hat, für die sich in der neueren Geschichte kaum ein Analogon bietet. Die Industrie, deren wichtigste Roh- und Hilfsstoffquellen durch die politische und ökonomische Neuordnung zum Teile unterbunden wurden, soll, aus den Verhältnissen eines politischen und wirtschaftlichen Großstaates ganz unvermittelt in ein eng begrenztes Gebilde versetzt, für die verlorengegangenen Absatzgebiete in einer Zeit Ersatz suchen, in der sich die meisten europäischen Staaten und namentlich die Mitteleuropas durch Zollmauern voneinander abschließen und die Züchtung neuer nationaler Industrien in Anwendung neo=merkantilistischer Prinzipien als höchstes Ziel betrachten. Die Kapitalskraft des Landes ist teils durch den Krieg, teils durch die Inflation (welche bei den durch den Zusammenbruch geschaffenen, einer sofortigen Remedur offenbar unzugänglichen Verhältnissen mindestens teilweise nicht als selbstverschuldet betrachtet werden kann), endlich auch durch Kapitalsabwanderung wesentlich herabgesetzt. Insbesondere hat das industrielle und gewerbliche Betriebskapital eine empfindliche Schmälerung erfahren. Größere Vermögen, welche einen Tragbalken für einen neuen Kapitalbildungsprozeß bilden könnten, sind nur spärlich vorhanden. Die noch zu erörternde Einkommensteuerstatistik zeigt deutlich die geringe Kapitalkraft des Landes. Der Mittelstand im eigentlichen Sinne, also ein durch Tradition und psychische Disposition für die Spartätigkeit sehr wichtiges Element, ist hauptsächlich durch die Inflation aufs schwerste in Mitleidenschaft gezogen, teilweise dem gänzlichen Ruin überantwortet worden. Nicht mit Unrecht ist die relative Existenzfähigkeit des Landes, insofern man dieselbe mit der Aufrechterhaltung eines der Lage im Herzen Europas und einer mehrhundertjährigen Überlieferung entsprechenden Lebens= und Kulturstandards verknüpft erachtet, in ernsten Zweifel gezogen worden.

Der Bericht der vom Völkerbund bestellten Wirtschaftsexperten W. Layton und Ch. Rist vom Jahre 1925 gelangt zwar zu wesentlich günstigeren Schlüssen, wobei er sich hauptsächlich auf die unleugbaren Fortschritte stützt, welche hinsichtlich der Wiederaufrichtung des Landes seit dem Abschlusse der Inflationsära erzielt wurden. Indes ist bei manchen Behauptungen dieses Berichtes einige Skepsis am Platze. Insbesondere kann die Errechnung eines gegenüber der Vorkriegszeit gestiegenen Volkseinkommens pro Kopf (750 Goldkronen im Jahre 1913 und 770 im Jahre 1925), deren Grundlagen ziffernmäßig unsicher, zum Teil geradezu anfechtbar[1] sind, angesichts der offenkundigen Tatsachen, welche hinsichtlich der Vermögens= und

---

[1] Beispielsweise sei hier nur erwähnt, daß der Bericht der Völkerbundexperten an der in der Vorkriegszeit ermittelten Kopfquote des Volkseinkommens im heutigen Österreich aus dem Titel der „geänderten Verhältnisse" (Zusammenbruch — Inflation usw.!) einen Abschlag von 25% vornimmt, ein Prozentsatz, der unzweifelhaft viel zu niedrig gegriffen ist.

Einkommensbildung in Österreich vorliegen, nicht als haltbar betrachtet werden.

In jedem Falle ist die Verantwortung jener Faktoren der Gesetzgebung, Regierung und Verwaltung, welchen die Aufrechterhaltung der Ordnung in den öffentlichen Haushalten (des Bundes, der Länder und Gemeinden) anvertraut ist, als eine ungewöhnlich ernste, ihre Aufgabe als eine sehr schwierige zu bezeichnen. Sie stehen vor einem eigentümlichen, kaum befriedigend lösbaren Dilemma. Einerseits würde nämlich die andauernd minder günstige Lage vieler Erwerbszweige und die Verarmung oder knappe Lebenshaltung weiter Bevölkerungsschichten, endlich die Notwendigkeit, der Kapitalbildung möglichst die Wege zu ebnen, zu größter Vorsicht in der Auswahl der Steuern und dem Grade der Anspannung derselben nötigen. Andererseits steht zu befürchten, daß bei zu großer Behutsamkeit und ohne Anwendung energischen Zugriffs, insbesondere ohne Einhebung von die breiten Massen treffenden Steuern, das so mühsam erlangte Gleichgewicht des öffentlichen Haushaltes, speziell des Bundes — von den Ländern und Gemeinden kämpfen auch jetzt noch mehrere mit Defizit — wieder in Frage gestellt würde. Eine Kritik des österreichischen Steuersystems und der einzelnen österreichischen Steuern wird sich diese Sachlage unbedingt vor Augen halten müssen.

II. Gliederung der Abgaben und Abgabenteilung.

Nach dem Finanzverfassungsgesetz der Republik Österreich ist eine Dreigliederung der öffentlichen für Gebietskörperschaften (Bund, Länder, Bezirke und Gemeinden) eingehobenen Abgaben in 1. ausschließliche Bundesabgaben, 2. zwischen dem Bund und den Ländern (Gemeinden) geteilte Abgaben und 3. ausschließliche Landes-(Gemeinde-)Abgaben statuiert. Da ohne Kenntnis des Wesens dieser Dreigliederung die Differenzierung in der Ausübung der Steuerhoheit durch die Gebietskörperschaften nicht verständlich wird, so muß auf dieselbe wenigstens in gedrängter Kürze eingegangen werden.

Zu den ausschließlichen Bundesabgaben gehören nach den Abgabenteilungsgesetzen hauptsächlich die Zölle, die Monopole (von Salz, Tabak, Schieß- und Sprengmitteln und das Lotteriemonopol), die Vermögenssteuer (deren Umwandlung in eine gemeinschaftliche Abgabe vorgesehen, bisher aber noch nicht durchgeführt worden ist), die Eisenbahnverkehrssteuer, die Effekten- und Valutenumsatzsteuer, die

Stempel und Gebühren (mit Ausnahme der Immobiliargebühren, des Gebührenäquivalentes — der Besteuerung der toten Hand —, der Erb- und Wettgebühren). Als zwischen dem Bund und den Ländern geteilte Abgaben werden einheitlich durch den Bund erhobene Abgaben bezeichnet, deren Ertrag zwischen diesen und den Ländern nach einem gesetzlich fixierten Schlüssel geteilt wird (gemeinschaftliche Abgaben), wobei die letzteren bestimmte Ertragsanteile an die Gemeinden zu überweisen haben, ferner Abgaben, bei welchen die durch den Bund eingehobene Stammabgabe die Grundlage für die Bemessung von Landes- und Gemeindezuschlägen ist, endlich Abgaben, bei welchen Bund und Länder (Gemeinden) vom gleichen Besteuerungsgegenstand, aber unabhängig voneinander Abgaben einheben. Praktisch haben nur die Steuern mit Ertragsteilung große Bedeutung erlangt (der Kreis der Zuschlagsabgaben ist seit 1923 auf Immobiliargebühren, Gebührenäquivalent und Wettgebühren beschränkt). Unter die gemeinschaftlichen Abgaben (das sind die Abgaben mit Ertragsteilung) zählen namentlich die führenden Personalsteuern (mit Ausnahme der Vermögenssteuer), Immobiliargebühren, Gebührenäquivalent und Erbgebühren (die drei Unterformen der zwischen Bund und Ländern geteilten Abgaben können nebeneinander bestehen), die drei Getränkesteuern auf Branntwein, Bier und Wein, endlich die auf Grund des Genfer Sanierungsplanes ab 1. April 1923 in Kraft getretene Warenumsatzsteuer.

Was den Teilungsschlüssel betrifft, sei nur hervorgehoben, daß von den Personalsteuern dem Bunde die Hälfte, Ländern und Gemeinden je ein Viertel bleibt, an dem Ertrage der großen Getränkesteuern Länder und Gemeinden (hälftig) mit 30% partizipieren und vom Ertrage der Immobiliargebühren und des Gebührenäquivalentes ein Fünftel dem Bunde und je vier Zehntel den Ländern und Gemeinden zufallen, während bei der Warenumsatzsteuer vom Jahre 1924 an, mit dem eine Verdoppelung der Bundessteuer in Kraft trat, der Anteil der Länder und Gemeinden mit 40% bei hälftiger Teilung zwischen ihnen fixiert wurde. (Die Basis des Aufteilungsschlüssels ist verschieden und richtet sich im wesentlichen entweder nach der Vorschreibung der Steuern oder sie ist aus Steuervorschreibung und Bevölkerungsziffer kombiniert.) Jedoch müssen dem Bunde in den Jahren 1924—1926 jährlich 50 Millionen Schilling und ab 1927 jährlich 40 Millionen Schilling mehr verbleiben, als sich bei Anwendung dieser Verteilungsgrundsätze ergeben würde (sogenanntes Bundespräzipuum). Das durch das Abgabenteilungsgesetz ursprünglich aufgestellte Verbot der Einhebung von Getränkeabgaben durch Länder oder Gemeinden neben den Bundessteuern wurde, um den Ländern einen Ersatz für die Mehrbelastung aus den Beiträgen zur Arbeitslosenversicherung zu bieten, ab 1927 zugunsten der Einhebung von selbständigen Landesbierauflagen (Konsumabgaben vom sogenannten Bierausstoß im Gegensatz zur staatlichen Produktionsabgabe) im Höchstausmaße von 6 Schilling vom Hektoliter Bier (zunächst bis Ende 1928)[2] eingeschränkt.

Der Kreis der ausschließlichen Landes- und Gemeindeabgaben wird nur mittelbar durch die Abgrenzung der ausschließlichen Bundesabgaben und der zwischen Bund und Ländern geteilten Abgaben bestimmt; sie werden im Laufe dieser Betrachtung noch des näheren zu erörtern sein.

Zur Ergänzung dieses flüchtigen Umrisses der Abgrenzung der Steuerhoheit zwischen den Gebietskörperschaften ist es noch wichtig festzustellen, daß der Bundesregierung über Anregung des mit der Überwachung der finanziellen Gebarung Österreichs betrauten Völkerbundausschusses im Jahre 1925 gegenüber allen bis Ende des Jahres 1930 gefaßten Abgabengesetzesbeschlüssen der Landtage ein der Wirkung des alten kaiserlichen Sanktionsrechtes gleichkommendes Vetorecht eingeräumt wurde, von welchem hauptsächlich nur Gesetzesbeschlüsse über Landesabgaben vom Gebäudebesitz und Wohnungsaufwand ausgenommen sind. (Die Ausübung dieses Vetorechtes durch den Bund wird allerdings durch die politischen Verhältnisse vielfach beeinträchtigt.) Abgesehen hiervon steht der Bundesregierung verfassungsmäßig auch das Recht der Anfechtung verfassungswidriger Gesetzesbeschlüsse der Landtage beim Verfassungsgerichtshofe, sowie das weitere Recht zu, die Mitwirkung der Bundesbehörden bei der Handhabung der Landesgesetze zu verweigern.

III. Bundes- und gemeinschaftliche Abgaben.

Im Rahmen dieser Abhandlung kann nur eine allgemeine Charakteristik der österreichischen Steuern gegeben und auf Details nur insoweit eingegangen werden, als dieselben mit dem Thema (Einfluß auf

---

[2] Vom 1. Januar 1929 bis Ende 1930 im Höchstausmaß von 9 Schilling 80 Groschen. Der aus der Differenz von 30 Schilling 8 Groschen in Wien erzielte Mehrertrag wird in den Jahren 1929 und 1930 den Ertragsanteilen der

die Kapitalbildung) im besonderen Konnexe stehen. Die Struktur der durch das Personalsteuergesetz vom Jahre 1896 geschaffenen österreichischen Einkommensteuer hat erhebliche Änderungen kaum erfahren. Wichtig für unsere Untersuchung ist die Stellung, welche die österreichische Gesetzgebung in der theoretisch und praktisch sehr kontroversen Frage der Heranziehung der Gewinne aus der Veräußerung von Vermögensobjekten zur Einkommensteuer einnimmt. Nach mancherlei Schwanken ist diese Frage durch die Personalsteuernovelle des Jahres 1924 in, wie wohl gesagt werden kann, sachgemäßer Weise dahin geregelt worden, daß solche Gewinne nur dann dem Einkommen zuzurechnen sind, wenn die Veräußerung im Betriebe einer Erwerbsunternehmung oder in Ausführung eines Spekulationsgeschäftes erfolgt. Ob ein Spekulationsgeschäft vorliegt, ist nach den Umständen des einzelnen Falles zu beurteilen; ein solches ist auf keinen Fall anzunehmen, wenn der veräußerte Gegenstand mehr als zehn Jahre im Besitze des Veräußerers stand.

Eine radikale Änderung haben im Laufe der Zeit die Sätze der Einkommensteuer erfahren. Die ursprüngliche Steuerskala vom Jahre 1896 bewegte sich von 0,6% asymptotisch bis 5%, die Skala der Personalsteuernovelle vom Jahre 1914 von ca. 0,8% asymptotisch bis 6,7%. Die Skala erreichte ihren Höhepunkt in der Personalsteuernovelle vom Jahre 1920, welche Steuersätze von ca. 0,8% asymptotisch bis 60% vorsah. Die durch die Personalsteuernovelle 1925 festgesetzte, für die Veranlagung 1925 zum ersten Male gültige Skala beginnt bei einem Einkommen von mehr als 1400 Schilling (nach dem 1896er Gesetze betrug das steuerfreie Existenzminimum 1200 Kronen = ca. 1700 Schilling, seit der Personalsteuernovelle des Jahres 1914 1600 Kronen = ca. 2300 Schilling) mit 1,1%, erhöht sich bis zu Einkommen von 10200 Schilling bis 4% und erreicht bei einem Einkommen von mehr als 10200 bis 14400 Schilling 4,4%. Bei höheren Einkommen steigt die Steuer um 6% der nächsten angefangenen oder vollen 4800 Schilling, um 8, 11, 14, 18 und 22% der nächsten 4800, 6000, 6000, 12000 und 12000 Schilling, um 27, 32 und 38% von je weiteren 60000 Schilling. Die Skala endet mit 45% für die ein Einkommen von 240000 Schilling übersteigenden Beträge. Besondere, die Leistungs-

---

anderen Länder an den gemeinschaftlichen Abgaben zugeschlagen. (Ergebnis der jüngsten Reform der Abgabenteilung durch das Bundesgesetz vom 20. Dezember 1928.)

fähigkeit beeinträchtigende Verhältnisse können bis zu einem Einkommen von 10200 Schilling durch Ermäßigung des Steuersatzes Berücksichtigung finden, bei einem 1800 Schilling nicht überschreitenden Einkommen kann auch vollständige Freilassung Platz greifen. Die Einkommensteuerskala muß als angespannt bezeichnet werden und stellt so ziemlich das Äußerste dar, was in einem kapitalsarmen Lande vertreten werden kann. Ertrag der Einkommensteuer 1927 154,4 Millionen Schilling.

Durch die Personalsteuernovelle vom Jahre 1924 wurde eine laufende Vermögensteuer vom ertragbringenden Vermögen für die physischen Personen eingeführt. Als steuerpflichtiges Vermögen gilt ein vielfaches des aus den betreffenden Quellen erzielten, der Einkommensteuerveranlagung zugrunde gelegten Reinertrages, und zwar im allgemeinen das Zwanzigfache, sofern aber das Vermögen dem Betriebe einer der Erwerbsteuer in der sogenannten zweiten Gruppe unterliegenden Erwerbsunternehmung (siehe die nachfolgende Darstellung der Erwerbsteuer) gewidmet ist, das Zehnfache. Der Steuersatz beträgt bei einem Reinvermögen bis 120000 Schilling ein halb, bis 240000 Schilling ein, bis 360000 Schilling zwei pro Mille, darüber hinaus drei pro Mille des steuerpflichtigen Reinvermögens. Reinvermögen bis 36000 Schilling sind steuerfrei. Ertrag 1927 14·3 Millionen Schilling.

Eine grundstürzende Wandlung hat die Erwerbsteuer, der nach dem Personalsteuergesetz von 1896 jede im Inland eine Erwerbsunternehmung betreibende oder eine auf Gewinn gerichtete Beschäftigung ausübende Person unterliegt, erfahren. Sie war ursprünglich eine kontingentierte, nach Betriebsmerkmalen bemessene Rohertragsteuer, welche, auf den Reinertrag bezogen, samt Zuschlägen im Durchschnitt kaum erheblich mehr als 2% desselben ausmachte.

Durch die gesetzgeberischen Aktionen der Nachkriegszeit und insbesondere durch die auf Grund des sogenannten Wiederaufbaugesetzes vom Jahre 1922 erlassene Personalsteuernovelle 1924 hat sie den Charakter einer Reinertragssteuer erhalten. Da der Reinertrag nach den für die Einkommensteuer maßgebenden Grundsätzen zu ermitteln ist, so wirkt die Erwerbsteuer jetzt tatsächlich als Zuschlag zur Einkommensteuer. Der Steuersatz beziffert sich für die sogenannte erste Gruppe, das sind die freien Berufe (Rechtsanwälte, Ärzte, persönliche Dienstleistungen usw.) und die Unternehmungen, deren Reinertrag 8400 Schilling nicht übersteigt, mit Maximum 4% (bis zur

Reinertragsgrenze von 7200, 6000 und 4800 Schilling mit 3 bzw. 2 und 1%), für die sogenannte zweite Gruppe der Unternehmungen und Beschäftigungen mit Maximum 7,5% (bis zur Reinertragsgrenze von 18000, 14000 und 10000 Schilling mit 7 bzw. 6 und 5%). Samt gewissen, kleineren Umlagen, namentlich für Handelskammerzwecke, steigt die Erwerbsteuer bei Reinerträgen über 18000 Schilling bis auf etwa 9%. Es zahlt somit z. B. ein Unternehmer mit einem Jahresreinertrag von 20000 Schilling an Einkommen-, Erwerb- und Vermögenssteuer 2765 Schilling, d. h. beinahe 14%. Derlei Steuerbelastungen dürfen wohl als sehr erhebliche, die Kapitalbildung behindernde bezeichnet werden. Ertrag der Erwerbsteuer 1927 56,5 Millionen Schilling.

Unter den österreichischen direkten Steuern ist die Erwerbsteuer der Körperschaften und gewisser zur öffentlichen Rechnungslegung verpflichteter Unternehmungen (Körperschaftsteuer), welcher Aktiengesellschaften, wechselseitige Versicherungsanstalten, Erwerbs- und Wirtschaftsgenossenschaften, Gesellschaft m. b. H. und Sparkassen unterliegen, vom Standpunkte unserer Untersuchung zweifellos die interessanteste. Sie ist eine Reinertragssteuer, welche grundsätzlich die bilanzmäßigen Überschüsse heranzieht, wobei aber gewisse Ausgaben und Einnahmen unabhängig von ihrer Verbuchung in die Besteuerungsgrundlage einbezogen bzw. aus derselben ausgeschieden werden. Sie war schon vor dem Kriege die höchste ihrer Art in Europa und betrug 10% nebst einer Dividendenzuschlagssteuer von 2 bzw. 4% bei Ausschüttungen über 10 bzw. 15%. Samt den autonomen Zuschlägen mag sie im Durchschnitt 18—20% erreicht haben. Es galt schon damals, wenigstens in Interessentenkreisen, aber auch darüber hinaus, als ausgemacht, daß die Steuer teils wegen ihrer Höhe, teils vermöge ihrer Anlagetechnik das Entstehen von Aktiengesellschaften erschwere, also die Kapitalskonzentration und damit auch die Kapitalbildung behindere. In der Kriegs- und Nachkriegszeit hat zunächst der Staatssteuersatz eine Verdoppelung erfahren, während gleichzeitig die autonomen Zuschläge eine Erhöhung bis 300 und 400% der Stammsteuer erreichten. Schließlich (1922) ergab sich eine Gesamtbelastung des Ertrags von 54—64%, die sich bei Hinzutreten der Dividendenzusatzsteuer bis 89% erhöhen konnte, Sätze, die natürlich nur im Hinblick auf die fortgesetzt steigende Geldentwertung tragbar und möglich waren. Die Körperschaftssteuernovelle vom Jahre 1924 brachte eine Ermäßigung des Steuersatzes auf 36%, die in der betreffenden

Regierungsvorlage bezeichnenderweise damit motiviert wurde, daß ein übermäßig hoher Steuerfuß zweifellos abschreckend auf die Kapitalbildung und den Zufluß ausländischen Kapitals wirke, auf den Österreich in hohem Maße angewiesen und an dem die ganze Volkswirtschaft, nicht nur die Unternehmer, sondern auch die Arbeiterschaft, interessiert sei. Gegenwärtig (nach der Personalsteuernovelle 1925, mit erstmaliger Wirksamkeit für die Veranlagung 1924) beträgt die Steuer 25% des steuerpflichtigen Reinertrags, jedoch niemals weniger als 3,6 vom Tausend des Anlagekapitals. Da nach dem Abgabenteilungsgesetze Landes- und Gemeindezuschläge ausgeschlossen sind, so kann die Belastung mit Einschluß kleinerer Zuschläge (für die Handelskammer und für Fortbildungsschulen, in Wien die Umlage für den Krankenanstaltsfonds) zirka 27½% nicht übersteigen. (Die Dividendenzusatzsteuer ist zwar in der Körperschaftssteuernovelle mit 5 bzw. 10%, für Ausschüttungen über 10 bzw. 15% aufrechterhalten, gelangt aber bis auf weiteres nicht zur Erhebung.) Kredit- und Vorschußvereine, welche ihre geschäftliche Betätigung innerhalb der gesetzlichen Grenzen halten und Überschüsse dem Reservefonds zuweisen, ferner agrarische Genossenschaften, bei welchen die Verteilung von Reinerträgnissen grundsätzlich ausgeschlossen ist, sind steuerfrei. Die ihren Geschäftsbetrieb auf Mitglieder beschränkenden Erwerbs- und Wirtschaftsgenossenschaften, ferner gemeinnützige Bauvereinigungen, endlich unter bestimmten Voraussetzungen Sparkassen genießen begünstigte Steuersätze. Bezüglich der Durchführung von Investitionen (Bau von Wohn- und Betriebsgebäuden, Anschaffung neuer Maschinen und Betriebseinrichtungen) bestehen zeitlich begrenzte — auch bei der Einkommensteuerveranlagung anwendbare — Begünstigungen (steuerfreie Bildung von Investitionsrücklagen unter bestimmten Voraussetzungen).

Die Bewegung gegen die Höhe des Steuersatzes besteht zwar noch fort, hat aber in ruhigere Bahnen eingelenkt. Um so intensiver sind die zum Teil unzweifelhaft gerechtfertigten Beschwerden über die Veranlagungsgrundsätze, d. h. über die steuerpflichtig behandelten Bilanzposten. Von diesen Beschwerden seien als die wichtigsten hier erwähnt: die Nichtpassierung der entrichteten Körperschaftssteuer als Abzugspost bei Ermittlung des steuerpflichtigen Reinertrags (in welcher Beziehung die österreichische Gesetzgebung ihren Standpunkt seit jeher aus schwerwiegenden Gründen unverrückbar festhält), die Doppelbesteuerung des Ertrages der sogenannten Portefeuilleaktien und die Besteuerung der Passivzinsen.

Hinsichtlich der Besteuerung der Portefeuilleaktien ist durch neuere Gesetze unter dem Titel Steuerbegünstigungen für Schachtelgesellschaften eine gewisse Erleichterung eingetreten. Stehen nämlich Aktiengesellschaften oder Gesellschaften m. b. H., die nach ihrem Geschäftszweige verwandte Produktions- oder Handelsunternehmungen sind, derart in dauernder Verbindung, daß wenigstens ein Fünftel der Aktien (Anteile) der einen durch mindestens fünf Jahre sich im Eigentum der anderen befindet, so wird bei letzterer der auf die Aktien (Anteile) einfließende Gewinnanteil nur mit einem Fünftel in die Besteuerungsgrundlage einbezogen. Diese Begünstigung geht allerdings viel weniger weit als die analoge der deutschen und tschechoslowakischen Steuergesetzgebung. Hinsichtlich der Behandlung der Passivzinsen bestimmt schon das Personalsteuergesetz vom Jahre 1896, daß den bilanzmäßigen Überschüssen jene Beträge zuzurechnen sind, welche zur Verzinsung der in der Unternehmung angelegten sowie der gegen Prioritätsobligationen oder sonstige Teilschuldverschreibungen oder gegen hypothekarische Sicherstellung dargeliehenen Kapitalien, soweit sie Teile des Anlagekapitals sind, verwendet werden. Der tieferliegende Grund dieser Bestimmung, gegen welche die Industrie seit jeher Sturm lief, war weniger ein fiskalischer als ein wirtschaftspolitischer und wurzelte in der Befürchtung, es würde die Abzugsfähigkeit der Passivzinsen die unerwünschte Wirkung haben, daß die gesellschaftliche Kapitalsbeschaffung vorwiegend nicht durch Vermehrung des eigenen, sondern des fremden Kapitals erfolge. So einleuchtend diese ratio legis, ist doch nicht zu verkennen, daß die Nichtabzugsfähigkeit der Passivzinsen seit jeher die Finanzierung der österreichischen Industrie erschwerte, zumal durch sie der Weg der Kapitalsbeschaffung mittels Ausgabe von Obligationen praktisch nahezu versperrt war. Unter den Verhältnissen, in welchen die österreichische Industrie in der Nachkriegszeit zu arbeiten gezwungen ist, und die sie namentlich auf die Aufnahme von Krediten im Auslande für dauernde Anlagen angewiesen erscheinen lassen, wirkt die Bestimmung unzweifelhaft drückend, insoweit sie den Rationalisierungsprozeß erschwert, gewiß auch die Kapitalbildung hemmend, so daß man es begreift, wenn die Kammer für Handel, Gewerbe und Industrie in Wien in der Vollversammlung vom 23. Februar 1928 die Forderung auf steuerfreie Passierung der Passivzinsen in dringender Form wiederholt hat. Es liegt hier die im neuen Österreich des öfteren wahrnehmbare Erscheinung vor, daß eine an sich gerechtfertigte, mindestens vertretbare Steuermaßnahme unter den heutigen besonderen Verhältnissen der österreichischen Wirtschaft einen bedenklichen Charakter annimmt.

Zwar ist durch die Gesetze vom 29. Oktober 1924 und 20. Dezember 1926 der Steuersatz für Zinsen von Teilschuldverschreibungen, welche Erzeugungs-, Handels- und Verkehrsunternehmungen, ferner Kreditinstitute auf Grund von bei ihnen seitens dieser Unternehmungen aufgenommenen Darlehen (zunächst bis 1928) emittieren, für die Dauer von 25 Jahren auf 2% herabgesetzt worden. Auch genießen die elektrische Energie aus Wasserkräften erzeugenden Unternehmungen unter gewissen Voraussetzungen hinsichtlich der Behandlung der Passivzinsen Begünstigungen. Dies wird aber dadurch mehr als aufgewogen, daß in den letzten Jahren die Geltung der angefochtenen Gesetzesbestimmung durch die Praxis der Finanzbehörden und die sie sonderbarerweise sanktionierende Judikatur des Verwaltungsgerichtshofes über ihr eigentliches Anwendungsgebiet — Passivzinsen für Anlagekapital — in einer mit Geist und Wortlaut des Gesetzes kaum zu vereinbarenden, beinahe absurd zu nennenden Weise ausgedehnt worden ist, so daß die durch das Gesetz herbeigeführte Belastung noch auffälliger in Erscheinung tritt.

Bezeichnend ist, daß das Finanzministerium sich veranlaßt sah, in einem Erlasse vom 18. Juli 1927 ausdrücklich anzuordnen, daß in der Betriebsrechnung von Körperschaften als Passivzinsen verrechnete Beträge aus dem Titel der Verzinsung der in der Unternehmung angelegten Kapitalien trotz der weitergehenden Rechtsprechung des Verwaltungsgerichtshofes (ein in der österreichischen Steuergeschichte unerhörter Fall) — abgesehen von den nach dem Wortlaute des Gesetzes die Steuerpflicht offenbar begründenden Fällen — nur dann nicht anrechenbar zu behandeln sind, wenn Grund zur Annahme einer Umgehung der inländischen Körperschaftssteuer vorliegt.

Bei dieser Sachlage wäre vielleicht zu erwägen, ob die Geltung der hart umschrittenen Gesetzesbestimmung nicht für eine zeitlich begrenzte Dauer suspendiert oder der Steuersatz für die Passivzinsen generell ermäßigt werden könnte.

Zweifellos ist die Frage nach den Beziehungen zur Kapitalbildung bei der Körperschaftssteuer unter allen österreichischen direkten Steuern am schwerwiegendsten. Dabei trifft diese Steuer mit einer angespannten

Einkommensteuer zusammen, so daß das Reinerträgnis (Dividenden usw.), nachdem es die Körperschaftssteuer passiert hat, bei Einzelpersonen noch von der Einkommensteuer getroffen wird. Andererseits wäre allenfalls in Rechnung zu stellen, daß die Methode der Anlage stiller Reserven (durch Minderbewertung von Vorräten, Effekten und unsicheren Debitoren sowie durch Rückstellung von Gewinnen) bis zu einem gewissen Grade eine Steuerentlastung mit sich bringt. Diese Art der Steuervermeidung stellt sich keineswegs als illegitim dar, wird vielmehr innerhalb angemessener Grenzen von den Steuerbehörden toleriert; insofern es sich um die Bilanzierung von Rohstoffen, Fabrikaten und Wertpapieren, aber auch von Gütern des Anlagevermögens zum Anschaffungs- oder Herstellungswerte (statt zum Marktwerte) handelt, ist dieselbe mit einem Finanzministerialerlasse vom 6. August 1927 sachgemäßerweise sogar ausdrücklich als zulässig bezeichnet worden. In ihrem effektiven Ausmaße dürfte die hier in Frage stehende Steuererleichterung allerdings nicht jene Bedeutung haben wie in der Vorkriegszeit.

Sicherlich ist nicht zu bestreiten, daß die Körperschaftssteuer, welche im Jahre 1927 rund 73 Millionen Schilling ergeben hat, die Kapitalbildung in einem Grade, welcher das durch Steuermaßnahmen mehr oder weniger bedingte Maß überschreitet, behindert. Auch nicht, daß die effektive Höhe dieser Steuer, mit der Österreich noch heute an der Spitze der europäischen Staaten steht, für die Dauer des Fortbestandes einer ungünstigen oder doch jedenfalls nicht dauernd prosperierenden Lage der Erwerbsunternehmungen als anormal zu gelten hat. Wird doch angenommen, daß die Rentabilität der Industrieaktiengesellschaften von 7,7% im Jahre 1913 auf 2,7% im Jahre 1926 gefallen ist, was eine Höherbelastung dieser Gesellschaften durch die Steuer gegenüber der Vorkriegszeit um mehr als 200% bedeuten würde.

Das Bild der Belastung der auf Kapitalassoziation aufgebauten Unternehmungen gestaltet sich noch eindrucksvoller, wenn man die gesamten, von den Gesellschaften zu entrichtenden Abgaben in Betracht zieht. Mir liegt die Aufstellung einer großen österreichischen Aktiengesellschaft über die von ihr in den Jahren 1913 und 1927 bezahlten Gesamtsteuern vor. Hiernach war die Belastung im Jahre 1927 um etwa 10% höher als im Jahre 1913, machte aber im ersteren Jahre über 80%, in letzterem Jahre kaum 20% des Reingewinnes aus. Wenn auch das Maß der Beweiskraft dieser Aufstellung von einer detaillierten (schwierigen und im Resultat nicht sicheren) Prüfung der

durch die einzelnen Posten herbeigeführten effektiven (nicht abwälz=
baren) Belastung[3] abhängt, so wird ihr doch eine illustrative Bedeutung
nicht abzusprechen sein.

Ferner sind von kompetenter industrieller Seite Berechnungen an=
gestellt worden, wonach bei den Aktiengesellschaften und größeren Be=
trieben die öffentlichen und sozialen Abgaben (also öffentliche Abgaben
nebst Beiträgen zur Kranken=, Arbeitslosen=, Unfalls= und Ange=
stelltenversicherung) das Dreieinhalbfache der Kapitalverzinsung aus=
machen (wobei auf die Möglichkeit der Überwälzung gleichfalls keine
Rücksicht genommen ist). Solche Berechnungen gestatten eine deutliche
Vorstellung, wie stark der Antrieb für Aktiengesellschaften und größere
Unternehmungen sein muß, die von ihnen gezahlten Abgaben auf
Dritte abzuwälzen.

Der österreichischen Rentensteuer unterliegen Bezüge aus Ver=
mögensobjekten oder Vermögensrechten, welche nicht schon durch die
Grund=, Gebäude= oder Erwerbsteuer getroffen sind, also Zinsen und
Renten von allen Arten von Kapitalsforderungen (auch Kontokorrent=
forderungen), Pachtzinse, ferner (rechtsverbindliche) fortlaufende Zah=
lungen und Leistungen (wie Alimentationen, Leibrenten, Versiche=
rungsrenten). Die Steuer wird bei den Schuldnern, sofern sie juristische
Personen sind (insbesondere auch hinsichtlich der Kontokorrent= und
Spareinlagenzinsen) im Abzugswege eingehoben und beträgt 15% von
Pachtzinsen, 10% in den übrigen Fällen (abgesehen von begünstigten
Sätzen von 3 und 5% für Zinsen von gewissen Teilschuldverschrei=
bungen — darunter jene der Anleihen der Länder, Bezirke und
Gemeinden — und Spareinlagen und Steuerbefreiungen auf Grund
von Sondergesetzen, z. B. für die Zinsen von Staatstitres).
Zinsen von ausländischen Valutakrediten, welche inländischen Kredit=
unternehmungen gewährt werden, sind (bis 1932) rentensteuerfrei, wo=
gegen die Zinsen bei direkter Kreditgewährung des Auslandes an In=
länder in Form von Waren und Geschäftskrediten steuerpflichtig sind,
was bei der gegenwärtigen Lage der österreichischen Wirtschaft leb=
hafter Anfechtung begegnet. Ertrag der Rentensteuer 1927 17 Mil=
lionen Schilling.

---

[3] Bei manchen dieser Steuern, wenn auch den ziffernmäßig überwiegend
weniger ins Gewicht fallenden, findet die Überwälzung auf andere Steuersubjekte
unzweifelhaft statt (z. B. bei den Umsatzsteuern und der Rentensteuer von Konto=
korrenteinlagen), bei anderen, wie namentlich bei der noch zu besprechenden Für=
sorgeabgabe, ist sie wenigstens möglich.

Um ein möglichst übersichtliches Bild der mit der Kapitalbildung in unmittelbarem Zusammenhang stehenden Steuern herzustellen, muß auch die von den Bezügen der Mitglieder des Vorstandes (mit Ausnahme der Direktoren), des Aufsichts= und Verwaltungsrates der Aktiengesellschaften zu entrichtende Tantièmeabgabe erwähnt werden, welche bei Beträgen über 50 Schilling 40% der abgabenpflichtigen Bezüge ausmacht und im Abzugswege eingehoben wird.

Die Eigentümlichkeit des heutigen österreichischen Steuersystems, einen und denselben Ertrag einem vielfachen steuerlichen Zugriff auszusetzen, tritt gerade hier besonders deutlich hervor. Der für die Tantièmen zur Verfügung stehende Betrag ist bereits von der Körperschaftssteuer erfaßt worden. Die Tantièmen unterliegen sodann der eben erörterten 40% Abgabe und einer 2% Dienstverleihungsgebühr, überdies werden sie beim Perzipienten noch durch die Einkommensteuer getroffen. Neuestens will endlich die Gemeinde Wien die den Direktoren von Aktiengesellschaften zufließenden Tantièmen auch noch der Fürsorgeabgabe unterwerfen. Es bedarf keiner Hervorhebung, daß solche Häufungen von Steuern selbst bei einem arbeitslosen Einkommen (um welches es sich übrigens keineswegs in allen Fällen handelt) einer ernsten Kritik nicht standzuhalten vermag.

Aus dem alten Staate hat die Republik Österreich ein juristisch fein durchgearbeitetes, dabei streng fiskalisches System von Stempel und Gebühren übernommen, unter welchen auch die nach der finanzwissenschaftlichen Terminologie als Verkehrssteuern zu bezeichnenden Abgaben inbegriffen sind. Uns interessiert hier vornehmlich das große Gebiet der Gebühren (Steuern) von Vermögensübertragungen. (Beurkundete) Kaufverträge über bewegliche Sachen unterliegen einer Skalagebühr, die 2% vom Kaufpreise gleichkommt, über unbewegliche Sachen (ohne Rücksicht auf Beurkundung) einer Prozentualgebühr, die sich (abgesehen von begünstigten Sätzen für Übertragungen unter einander nahestehenden Personen) bis 12000 Schilling mit 3%, bis 48000 Schilling mit 3½% und über 48000 Schilling mit 4% beziffert. Die autonomen Zuschläge zu den Immobiliargebühren erreichen in manchen Ländern 100%. Speziell in Wien stellt sich die Immobiliarübertragungsgebühr samt Zuschlägen in den höchsten Stufen auf 8,6% (um mehr als 50% höher als vor dem Kriege), wozu die noch zu besprechende Wertzuwachsabgabe kommt. Die Emissionsgebühr bei Errichtung von Aktiengesellschaften oder Gesellschaften mit beschränkter Haftung sowie bei Erhöhung des Gesellschaftskapitals beträgt gegen=

wärtig 3%, für Immobiliar-Apports 7%, Sätze, die gegenüber der Vorkriegszeit wesentlich erhöht sind und die Kapitalsassoziation jedenfalls nicht günstig beeinflussen.

Eine sehr bedeutende Erhöhung haben die Schenkungs- und Erbsteuern erfahren. Einerseits wurde die Schenkungs- bzw. Erbgebühr progressiv gestaltet, und zwar bewegt sich die Progression unter Verwandten je nach dem Grade der Verwandtschaft und der Höhe des zufallenden Vermögensteiles von 1¼—6, 2—12 und 6—24%, zwischen allen übrigen Personen von 12—30%; die höchsten Prozentsätze treten bei einem Vermögenswerte über 6 Millionen Schilling ein. Für wohltätige Zuwendungen bestehen begünstigte Sätze, und zwar bei Schenkungen unter Lebenden von 2, bei Erbfällen von 5% (ohne Rücksicht auf die Wertstufe). Zu der Erbgebühr kommen noch 60% Zuschläge in Wien und 40% in den Ländern zugunsten verschiedener Fonds. Im Jahre 1919 wurde ferner noch eine ohne Rücksicht auf das persönliche Verhältnis zwischen Erblasser und Erben nach dem Werte des gesamten reinen Nachlasses zu entrichtende Gebühr (für Rechnung des Bundes) eingeführt, welche eine Progression von 1—12% (und zwar den letztgenannten Satz bei einem Nachlaßwerte über 11 Millionen Schilling) aufweist (sogenannte Nachlaßgebühr). Bei der Übertragung von Immobilien treten zu der Schenkungs- und Erbgebühr noch eine Immobiliargebühr von 1½% bis 24000 Schilling und von 2% über 24000 Schilling. (Unter nahen Angehörigen 1% bis 36000 Schilling, darüber 1½%), sowie nach Umständen Landes- und Gemeindezuschläge zu dieser Gebühr, und zwar in Wien und Tirol 50%, in Salzburg 10%. Gegenüber der Vorkriegszeit ergibt sich aus den hier dargestellten Schenkungs- und Erbgebühren eine Mehrbelastung, welche in den höchsten Stufen bis zum Sechsfachen ansteigt.

Zum Zwecke der Bemessung des Gebührenäquivalentes findet bei demselben unterliegenden juristischen Personen von 10 zu 10 Jahren eine Aufnahme des Vermögens statt, und zwar bei jenen Anstalten, deren Mitgliedern kein Anteil am Vermögensstamme zusteht (Stiftungen, Kirchen, Klöster, Sparkassen usw.), bezüglich des beweglichen und unbeweglichen, bei jenen Anstalten, deren Mitgliedern ein Anteil am Vermögensstamme zusteht (Aktiengesellschaft, Genossenschaften) bezüglich des unbeweglichen Vermögens. Der Gebührensatz beträgt bei den ersteren 3% vom unbeweglichen, 1½% vom beweglichen Vermögen, bei den letzteren 1½% vom unbeweglichen Vermögen, bei allen mit 100% Zuschlag für die ganze zehnjährige Periode. Hierzu treten autonome Zuschläge von 20 bis zu 100%.

Die Eisenbahnverkehrssteuer, derzeit auf dem Gesetz vom 5. August 1924 beruhend, wird für die Beförderung von Personen, Gütern und Reisegepäck im Ausmaße von 5% der Beförderungsgebühren eingehoben. Da den österreichischen Bundesbahnen die Abfuhr dieser Steuer erlassen wurde, so spielt sie im Bundesbudget nur eine ganz untergeordnete Rolle.

Die wichtigste Steuer, welche dem österreichischen Staatssteuersystem in der Nachkriegszeit neu eingefügt wurde, ist die Warenumsatzsteuer. Sie erfaßt grundsätzlich sämtliche entgeltlichen Lieferungen beweglicher Sachen (mit Ausnahme des Geldes) und sonstige entgeltliche Leistungen, die von einem Erwerbsunternehmer im Inlande ausgeführt werden und im Rahmen seines Betriebes stattfinden. Ausgenommen sind in der Regel jene Verkehrsakte, die einer besonderen Verkehrsteuer oder Gebühr (Eisenbahnverkehrssteuer, Effektenumsatzsteuer, Gebühr von Versicherungsverträgen u. dgl.) unterworfen sind. Die Einfuhr der Waren ist im allgemeinen der Lieferung im Inlande gleichzuhalten. Im Prinzip ist die österreichische Warenumsatzsteuer zwar (wie in den meisten anderen Staaten) eine Phasensteuer (Besteuerung jedes einzelnen Warenumsatzes, das ist jeder Phase). Tatsächlich wird aber in Österreich hinsichtlich der überwiegenden Anzahl von Warengattungen das weit elastischere System der Phasenpauschalierung angewendet. Letzteres besteht darin, daß die Warenumsatzsteuer für alle Umsätze (Phasen), die eine Ware vom Erzeuger oder von der Einfuhr bis zum Verbraucher erfahrungsgemäß durchzumachen pflegt, zusammengefaßt und mit einem der durchschnittlichen Anzahl der Umsätze entsprechenden höheren Ausmaße (Pauschalsätze) an einer Stelle (in der Regel beim Erzeuger bzw. bei der Einfuhr) eingehoben wird. Das Ausmaß der allgemeinen Warenumsatzsteuer beträgt 2% des Entgelts, kommt aber praktisch nur für die Lieferung nichtpauschalierter Waren und für Leistungen in Betracht, während für die Lieferung der phasenpauschalierten Waren die auf Basis des Steuersatzes von 2% ermittelten Pauschalsätze gelten. Luxusgegenstände (deren Kreis ursprünglich ziemlich weit gezogen wurde, jetzt aber erheblich eingeengt ist) unterliegen neben der allgemeinen noch der erhöhten Warenumsatzsteuer von 10% des Entgelts (im ganzen also 12%). Diese ist jedoch grundsätzlich für einen einzigen der allfälligen mehreren Umsätze zu entrichten, weshalb hier eine Phasenpauschalierung nur ganz ausnahmsweise in Betracht kommt. — Im Falle der Ausfuhr tritt Steuerfreiheit bzw. Steuervergütung ein. Da die Warenumsatzsteuer im Jahre 1927 zirka 237 Millionen Schilling (das ist beinahe ein Viertel des Gesamtertrages der Bundesabgaben mit Ausschluß der Monopole) erbrachte, so kann über ihre Bedeutung für die Aufrechterhaltung des Gleichgewichtes im österreichischen Bundeshaushalte (bzw., da sie eine gemeinschaftliche Abgabe ist, auch in den autonomen Haushalten) ein Zweifel füglich nicht obwalten. Es ist nicht zu leugnen, daß die Schädlichkeit dieser Steuer (wohl wegen der glücklichen Lösung der steuertechnischen Fragen) praktisch nicht in dem Maße zutage getreten ist, als befürchtet werden mußte. Dies kann aber nichts daran ändern, daß die Warenumsatzsteuer in Verbindung mit einigen andern noch zu erörternden indirekten Abgaben wesentlich zur Verteuerung des Lebensbedarfs der österreichischen Bevölkerung beiträgt. Wird doch die Belastung des Gesamtverbrauchs der österreichischen Bevölkerung durch die Warenumsatzsteuer von fachkundiger industrieller Seite mit 3,4% angenommen, wobei dieser Gesamtverbrauch selbst auf 6,5 Milliarden Schilling geschätzt wird.

Die Belastung eines vierköpfigen Haushaltes mit einem Jahreseinkommen von 2400 Schilling durch die Warenumsatzsteuer hat der österreichische Finanzminister am 31. Oktober 1928 gelegentlich einer Ausschußberatung mit 3%, also mit 72 Schilling berechnet. Die Zollbelastung für denselben Haushalt beziffert der Minister mit 48 Schilling. Da der Einkommensteuersatz bei einem Einkommen von 2400 Schilling 26,4 Schilling beträgt, so ist ersichtlich, daß die Jahresbelastung durch Warenumsatzsteuern und Zölle etwa das 4½fache der Einkommensteuer ausmacht.

Speziell für den Börsenhandel von Bedeutung sind die (in Österreich schon seit 1892 bestehende) Effektenumsatzsteuer und die in der Nachkriegszeit geschaffene Valutenumsatzsteuer, ferner die Börsenbesuchsabgabe. Die erstgenannte Steuer, die eigentliche Steuer vom Börsenverkehr, wurde wiederholt erhöht und reformiert und beruht in ihrer jetzigen Fassung auf der Umsatzsteuernovelle vom 29. Februar 1924. Der Steuersatz wurde erst jüngst durch Finanzministerialordnung vom 30. Juli 1928 an etwa auf ein Drittel des bisherigen Ausmaßes herabgesetzt. (Für je 100 Schilling bei Dividendenpapieren von 12 auf 4 Groschen, bei österreichischen öffentlichen Schuldverschreibungen von 1 auf 0,3 Gr., bei sonstigen Papieren, z. B. Pfandbriefen von 2 auf 0,7 Groschen; für Prämiengeschäfte gilt das Doppelte, für Kostgeschäfte ein Viertel dieser Sätze). Mit der Umsatzsteuernovelle 1924 wurde ferner eine Steuer auf die von einer inländischen Aktiengesellschaft eingeräumten Bezugsrechte auf neue Aktien (4% vom Werte der Bezugsrechte), sowie eine sogenannte Syndikatssteuer geschaffen, welch letztere (und zwar mit 12% der Ermittlungsgrundlage) dann eingehoben wird, wenn die Gesellschaft die neuen Aktien nicht den bisherigen Aktionären zur Verfügung stellt.

Die Valutenumsatzsteuer, seit 1921 bestehend und 1924 umgestaltet, trifft den Umsatz von Valuten und Devisen, wenn dabei als Vertragspartei oder Vermittler eine den Handel mit denselben geschäftsmäßig betreibende Person oder Anstalt teilnimmt, die im Inlande Wohnsitz oder ständigen Aufenthalt hat. Die Steuer beträgt, wenn ausschließlich Valutenhändler als Vertragsparteien tätig sind, 10, sonst 40 Groschen für 100 Schilling des umgesetzten Geldbetrages. Die gleichfalls im Jahre 1921 geschaffene Börsenbesuchsabgabe ist von jedem Besucher der Wiener Effektenbörse mit (früher 100, seit der Novellierung 1924 mit) 50 Goldkronen im Monat zu entrichten. (Die in der Nachkriegszeit geschaffene Bankenumsatzsteuer, welche die Gesamtheit des Geldumsatzes der gewerbsmäßig Kredit- oder Geldgeschäfte betreibenden Personen und Anstalten trifft, ist in ihrem jetzigen, im Jahre 1924 fixierten Ausmaße von 25 Groschen für je 100000 Schilling des Geldumsatzes — ein Hundertstel des ursprünglichen Satzes — wohl als nicht ins Gewicht fallend zu bezeichnen.) Seitens der Interessenten wird gegen alle diese Steuern, da sie in anderen Staaten und speziell in den Nachbarstaaten entweder überhaupt nicht oder in geringerer Höhe bestehen, das Bedenken erhoben, daß sie den Verkehr von der Wiener Börse zugunsten der Börsen der Nachfolgestaaten (hauptsächlich Prag, Budapest) ablenken und damit zur Schwächung der erstgenannten Börse wesentlich beitragen. Die unzweifelhaft vorhandene Schwäche und beinahe kontinuierliche Lustlosigkeit der Wiener Börse ist für das uns beschäftigende Problem vornehmlich deshalb von Bedeutung, weil sie die Emission neuer Aktien (und damit insbesondere auch die Tilgung von Schulden der Aktiengesellschaften durch Neuausgabe von Aktien) praktisch beinahe unmöglich macht. Indes ist kaum anzunehmen, daß dem in schwerwiegenden ökonomischen Momenten wurzelnden Schwächezustande der Wiener Börse durch irgendwelche Steuermaßnahmen allein wirksam abgeholfen werden könnte.

Ein näheres Eingehen auf die österreichischen (staatlichen) Verzehrungs- und Konsumsteuern erübrigt sich hier. Die drei großen

Konsumabgaben des alten Staates auf Branntwein, Bier und Zucker haben in ihren Grundzügen keine wesentliche Änderung erfahren. Bei Branntwein findet eine Regelung der Erzeugung und des Verkehres durch das Finanzministerium statt, welche aber das Steuersystem nicht berührt. Die steuerliche Gesamtbelastung des Bieres (jetzt annähernd 1 Schilling per Hektolitergrad Bierwürze) hat gegenüber der Vorkriegszeit bei Berücksichtigung der autonomen Besteuerung — die jetzt bestehende Abgabe zugunsten der Länder wurde bereits erwähnt — keine ins Gewicht fallende Änderung erfahren[4]. Die Belastung des Zuckers (22 Goldkronen Zoll und 10 Goldkronen innere Konsumsteuer, welche im Zolle bereits enthalten ist, per Meterzentner) ist gegenüber der Vorkriegszeit eine wesentlich geringere, soll aber gesteigert werden[5]. Die Weinsteuer, in der Vorkriegszeit eine Kleinverschleißsteuer, ist im Jahre 1919 in eine bei der Wegbringung aus der Erzeugungsstätte zu entrichtende Steuer umgewandelt worden. Steuersatz für Wein und Weinmost 12 Schilling, für Obstmost und Obstweine 1 Schilling 10 Groschen pro Hektoliter. Die Schaumweinsteuer wurde mit einigen Änderungen aus dem alten Staate übernommen. Fleischsteuer und Linienverzehrungssteuer sowie die Mineralölsteuer wurden in der Nachkriegszeit aufgehoben, Steuern auf Essigsäure, Mineralwässer und Süßstoffe (letztere an Stelle des Süßstoffmonopols) neu eingeführt.

Tabak-, Salz-, Pulver- und Lotteriemonopol hat der Bund vom alten Staate übernommen.

Was die Zölle betrifft, so hat Österreich in der Nachkriegszeit in den handelspolitischen Beziehungen zu den anderen Staaten ursprünglich bekanntlich eine freihändlerische Richtung verfolgt, die aber unter dem Druck der Verhältnisse — speziell die übrigen Nachfolgestaaten hielten an einer durchaus protektionistischen Zollpolitik fest — aufgegeben oder doch wesentlich modifiziert werden mußte. Durch die Zolltarifsnovellen vom März und Juli 1926 und vom November 1927 und die auf Grund derselben abgeschlossenen oder revidierten Handelsverträge erlangen nicht nur die Industriezölle, sondern auch die Agrarzölle — auf Ge-

---

[4] Durch die jüngst eingetretene, in der Anmerkung auf Seite 10 erwähnte Steuererhöhung ist nunmehr eine Mehrbelastung gegenüber der Vorkriegszeit eingetreten.

[5] Diese Steigerung ist unterdessen durch Gesetz vom 13. Dezember 1928 verfügt worden. (Erhöhung des Zuckerzolles von 22 auf 28 Goldkronen und, bis diese gemäß einem Handelsvertrage wirksam wird, der Steuer von 10 auf 16 Goldkronen bei Widmung des Mehrertrages der letzteren zur Erhaltung des Zuckerrübenbaues.)

treibe, Mehl, Vieh und Fleisch — steigende Bedeutung. Der Zollertrag hat sich von 1923 (wo er zirka 100 Millionen Schilling ausmachte) bis 1927 (wo er über 237,5 Millionen Schilling erreichte) mehr als verdoppelt. Hierbei ist allerdings zu beachten, daß der erste mit dem 1. Januar 1925 in Kraft getretene autonome Zolltarif des neuen Staates, indem er die größtenteils unterbalorisierten Zölle des letzten Tarifs der Monarchie beseitigte und dieselben den gänzlich geänderten Verhältnissen anzupassen suchte, eine sehr beträchtliche Steigerung der Zolleinnahmen mit sich bringen mußte. (Steigerung der Zolleinnahmen von 138,8 Millionen Schilling im Jahre 1924 auf zirka 196,5 Millionen Schilling im Jahre 1925 bei gleichzeitigem Sinken der Einfuhrmenge von 89,5 auf 82,4 Millionen Meterzentner.) Andererseits zeigt die Tatsache, daß sich der Zollertrag von 1926 auf 1927 um zirka 12%, die Einfuhrmenge aber nur um zirka 6% gehoben hat, die Wirkung der beiden Zolltarifsnovellen von 1926. Als günstiges Symptom kann gewertet werden, daß die Einfuhrmenge der Rohstoffe und Halbfabrikate von 1925 bis 1927 eine Steigerung von zirka 10%, die der Fabrikate eine Senkung um zirka 6% aufweist. Daß die neue Richtung der Zollpolitik keine wesentliche Veränderung in den Preisen herbeiführen werde, sonach vom Standpunkt der Konsumenten ohne Belang sei, kann um so weniger mit Fug behauptet werden, als die Belastung der österreichischen Bevölkerung mit Verbrauchsabgaben aller Art ohnehin eine recht beträchtliche ist (siehe die bei Besprechung der Warenumsatzsteuer angeführten statistischen Daten). Aber auch die österreichische Industrie hätte im Interesse ihrer vielfach bedrohten Konkurrenzfähigkeit alle Ursache, eine weitere Verteuerung des Lebensbedarfs zu vermeiden. Solche Erwägungen erzwingen sich freilich in einer Zeit, welche die Wirkungen der Steuer- und Zollpolitik auf die Lebenshaltung in Anknüpfung an frühere, schon überwunden geglaubte Irrtümer zu bagatellisieren bestrebt ist, schwer Gehör. Die Lage der österreichischen Landwirtschaft ist allerdings eine solche, daß sie zollpolitischer Maßnahmen scheinbar nicht entraten kann. Unverkennbar ist die neue Richtung der Zollpolitik mit einer dankenswerten Vorsicht in die Wege geleitet worden. Beispielsweise wird bei Milch, Brennholz, Margarine und Zement (neuestens auch bei Zucker) die Suspendierung der Zölle bei Überschreitung gewisser Preisgrenzen vorgesehen. Der zwiespältige Charakter der österreichischen Wirtschaft, in welcher einerseits das Interesse der schwer gegen die Not der Zeit ankämpfenden breiten Schichten der Bevölkerung gewahrt werden, andererseits die durch die unseligen, dabei dilettantischen, politischen und ökonomischen Machtsprüche der Friedensverträge empfindlich getroffene Produktion gegen die ausländische Konkurrenz Schutz finden soll, tritt gerade in den kaum befriedigend lösbaren Zollproblemen deutlich in die Erscheinung.

IV. Die Abgaben der Länder und Gemeinden.

Das Besteuerungsrecht der Länder und Gemeinden hat in Österreich in der Nachkriegszeit eine tiefgehende Um- und Ausgestaltung erfahren. Bestimmt ist der Kreis der Landes- und Gemeindeabgaben nicht unmittelbar im Gesetze, sondern nur mittelbar durch die Abgrenzung der ausschließlichen Bundesabgaben und der geteilten Abgaben. Faßt man die Länder- und Gemeindeabgaben in größere Gruppen zusammen, so erhält man hauptsächlich folgende Kategorien: Realsteuern, und zwar vom Land- und Gebäudebesitz nebst den Abgaben vom Wohnungsaufwande, Wertzuwachsabgaben, Abgaben von Lohn- und Dienstbezügen (Fürsorgeabgaben), Verbrauchsabgaben, und zwar hauptsächlich auf Nahrungs- und Genußmittel und Abgaben vom Energieverbrauch, Hauspersonalabgaben, Lustbarkeitsabgaben, Kraftfahrzeugabgaben und Ankündigungs- (Anzeigen-) Abgaben. Dazu kommen dann noch die Zuschläge zu den Bundesabgaben. Sieht man von den letzteren ab, so handelt es sich bei den autonomen Abgaben überwiegend um Versuche, neue Steuerobjekte zu gewinnen. Eine wichtige Ausnahme bilden die Realsteuern. Diese wurden im Abgabenteilungsgesetze vom Jahre 1922 entgegen dem Vorschlage der Regierung, welche sie als gemeinschaftliche und Zuschlagsabgaben behandelt wissen wollte, zur Gänze den Ländern und Gemeinden zugewiesen. Diese weittragende Maßnahme führte zu einer ziemlich systemlosen und zersplitterten Ausübung des Steuerhoheitsrechtes speziell in bezug auf Gebäude und findet ihre Erklärung hauptsächlich darin, daß die Gebäudesteuer im Steuersystem des alten Staates als Steuer vom Ertrage vermieteter Gebäude zwar eine hervorragende Rolle spielte, einer solchen Steuer aber in der Nachkriegszeit durch Mieterschutz und Inflation der Boden so gut wie völlig entzogen war.

Die Grundsteuer ist auch nach ihrer Überweisung an die Länder eine Reinertragsteuer (Bemessungsgrundlage der in den Grundsteueroperaten ausgewiesene — sehr niedrige — sogenannte Katastralreinertrag) geblieben. Die Höhe der Landesgrundsteuer übersteigt zumeist das Ausmaß der Steuer im alten Staate (19,3% des Katastralreinertrages) nicht unerheblich; manchmal reicht sie bis zur Verdoppelung dieses Ausmaßes. Hierzu kommen Gemeindezuschläge im durchschnittlichen Betrage von etwa 50—200% der Stammsteuer. Da der Grundbesitz in der Nachkriegszeit unzweifelhaft in viel rigoroserer Weise zur Einkommensteuer herangezogen wird als in der Vorkriegszeit (betrug doch das veranlagte Grundbesitzeinkommen im heutigen Österreich mit Ausschluß des Burgenlandes 1913 248 und 1925 468 Mill. Schilling), so fällt die Belastung der Landwirtschaft mit direkten Steuern immerhin schon ins Gewicht, wenngleich sie noch nicht als die Kapitalbildung erheblich behindernd wird bezeichnet werden können.

Gebäudeertragsteuern sind in Österreich im Hinblick auf den unveränderten Fortbestand des Mieterschutzes nur in sehr beschränktem Maße möglich. Es ist sehr wichtig, sich dies vor Augen zu halten. Denn das alte Österreich erzielte aus der Hauszinssteuer von Jahr zu Jahr steigende Erträge, die nicht nur einen beträchtlichen Budgetposten des Großstaates darstellten, sondern auch den Grundstock für die Realsteuerüberweisungen an Länder und Gemeinden bildeten. Wäre eine Steuer dieser Art, sei es auch in restringiertem Ausmaße, im neuen Österreich möglich, so würden die der Gemeinde Wien zufließenden Realsteueranteile gewiß einen großen Teil der von derselben neu eingeführten Steuern, die im Wien der Nachkriegszeit als ungewohnte Neuerungen lebhafter Anfechtung unterliegen, entbehrlich machen. Dabei ist der alten Hauszinssteuer, da sie eingelebt war und Neubauten nicht traf, trotz ihrer Höhe (samt Zuschlägen 40% des Reinertrages in den größeren Städten) kaum der Makel der Beeinträchtigung der Kapitalbildung angeheftet worden. Da ein eigentlicher Zinsertrag jetzt nur aus Neubauten, gewerblicher Vermietung von Wohnungen (in Gaststätten) und Sommerwohnungen gezogen werden kann, so sind die Landes- und Gemeindegebäudesteuern nur zum geringeren Teile Abgaben von einem Zinsertrage, vielmehr überwiegend Steuern vom Wohnungsaufwande und als solche nicht mehr als Realsteuern zu klassifizieren. Aber selbst Wohnaufwandsteuern liegen bei unter Mieterschutz stehenden Wohnungen wenigstens im üblichen Sinne nicht vor. Denn diese Steuern werden zwar wie z. B. die Wiener Wohnbausteuer (so genannt, weil ihr Ertrag für Wohnbauzwecke bestimmt ist) nach dem am 1. August 1914 vereinbarten, auf das Jahr umgerechneten Mietzins abgestuft; doch beruht dies auf einer Fiktion, da der unter Mieterschutz stehende Mieter heute faktisch keinen Zins, sondern nur Beiträge zu den Regie= eventuell Adaptierungskosten des Hauses zahlt. Es handelt sich hier also genau genommen um Wohnungstaxen, die der Mieter für öffentliche Zwecke deshalb zu entrichten hat, weil ihn der Gesetzgeber von der Entrichtung eines Kapitalzinses an den Haus= eigentümer entbunden hat. Sieht man von diesen eigentümlichen Ver= hältnissen ab, so sind die sogenannten Mietzins=, Mietaufwand= und Wohnbausteuern schon deshalb nicht als drückend zu bezeichnen, weil der Wohnungsaufwand selbst in der Regel ein minimaler ist. Speziell die Wiener Wohnbausteuer ist für kleine und mittlere Wohnungen nicht bedeutend, allerdings stark progressiv, und erreicht in den höchsten Stufen (d. h. bei einem Friedensmitzins von 50000 Goldkronen und darüber) bis zu 50% des Friedenswohnungsaufwandes; für Geschäfts= lokale bestehen ermäßigte Sätze. Geklagt wird über die Höhe der Ab= gabe in Wien von Angehörigen des Mittelstandes hauptsächlich dort, wo das Gebäude vom Hauseigentümer selbst benützt (Villen in den äußeren Bezirken Wiens) und der Mietwert von Amts wegen durch Vergleich mit vermieteten Objekten in einer die betreffenden Inter= essenten, wie es scheint, oft sehr belastenden Weise ermittelt wird. Eine weitere Erhöhung der Wohnbausteuer könnte kaum mehr als rationell bezeichnet werden und würde mit den Tendenzen des Mieter= schutzes offensichtlich in Konflikt kommen. — Für nicht vermietete Gebäude in Orten ländlichen Charakters besteht eine Abgabe vom Ge= bäudebesitz, und zwar entweder in Form der alten Hausklassensteuer (nach der Anzahl der Wohnbestandteile) oder einer Arealsteuer (nach der Flächenausdehnung).

Dem Realsteuercharakter näher kommen die mit Ausnahme von Tirol in allen Ländern eingeführten Fremdenzimmerabgaben, welche im allgemeinen das durch die erwerbsmäßige Vermietung von Wohnräumen (worunter aber auch die wiederholte entgeltliche Über= lassung von Wohnräumen in Privatwohnungen fällt) erzielte Entgelt treffen. Die Steuersätze bewegen sich meist zwischen 10 und 20% des Entgelts (in Wien für den Großteil der Betriebe jetzt 10%; für Luxus= betriebe besteht eine Zusatzabgabe von weiteren 10% des Entgelts). Die Abgabe gehört zu den meist angefochtenen; als gerechtfertigt ist der Einwand zu bezeichnen, daß der von der Abgabe getroffene Ertrag (abgesehen von der Einkommensteuer) schon durch die Erwerbsteuer, aber auch durch die Mietzins= bzw. Wohnbausteuer (durch letztere aller= dings mit einem ermäßigten Satze) erfaßt wird. Also wieder bedenk= liche Häufung des Steuerzugriffs bei ein und demselben Objekt! Daß die Fremdenzimmerabgabe die Kapitalbildung beeinflußt, ist zur Evidenz dadurch klar geworden, daß der größte Teil der der Fremdenbeherbergung dienenden Betriebe von einer Abgabenermäßigung, welche in Wien für die Jahre 1927 bis 1929 unter der Voraussetzung der Durchführung von Investitionen in einem bestimmten Umfange gewährt wird, Gebrauch macht.

Abgaben von Wertzuwachs von Liegenschaften haben in der Nachkriegszeit ursprünglich in allen österreichischen Ländern (mit Ausnahme des Burgenlandes) bestanden. „Mit dem Verfall der österreichischen Währung wurden diese Abgaben, da die sie regelnden Gesetze auf die Geldentwertung keine Rücksicht nahmen, aus einer Wertzuwachs- zu einer Scheingewinnbesteuerung." (Pfaundler, Das Abgabenrecht der österreichischen Länder und Gemeinden, Wien 1926.) Sie wurden deshalb in den meisten Ländern aufgehoben und bestehen derzeit, und zwar als Gemeindeabgaben nur noch in Wien, in Niederösterreich, in Linz und als zwischen Land und Gemeinden geteilte Abgabe in Tirol. Als Wertzuwachs gilt der Unterschied zwischen dem Werte, der der Veräußerung im Wege eines entgeltlichen Rechtsgeschäftes zugrunde liegt, und dem Erwerbswerte, d. i. dem Werte bei der letztvorhergegangenen Übertragung. Der Abgabesatz betrug in Wien bis vor kurzem 10%, wenn der maßgebende Erwerb vor Januar 1920, 20%, wenn er 1920, 30%, wenn er 1921, 45%, wenn er 1922, 60%, wenn er nach dem 31. Dezember 1922 stattgefunden hatte. Nach einem jüngst (Juni 1928) für Wien beschlossenen Gesetze sind die Prozentsätze wesentlich reduziert und beziffern sich, wenn der Erwerb vor dem 1. Januar 1920 liegt, mit 6%, bei Erwerbungen zwischen dem 1. Januar 1920 und dem 30. September 1922 mit 15% und bei Erwerbungen nach dem 30. September 1922 (dem sogenannten Stabilisierungstage der Währung) mit 25%. Die Gemeinde hat das Recht, in dem abgabepflichtigen Kaufvertrag an Stelle des Käufers einzutreten, wenn sich begründeter Verdacht ergibt, daß die das Entgelt betreffenden Vereinbarungen nicht richtig und vollständig angegeben sind. In Niederösterreich ist der Abgabesatz je nach der Besitzdauer von 6—35% gestuft, wobei der niederste Satz bei einer 10 Jahre übersteigenden Besitzdauer gilt. In Linz und Tirol sind Besitzdauer und Ausmaß der Wertsteigerung für die Höhe des Steuersatzes auf Grund eines sehr stark differenzierten Schlüssels maßgebend. Während aber in Linz und in Tirol der Feststellung des steuerbaren Wertzuwachses rationellerweise der Geldwert der österreichischen Währung in den maßgebenden Zeitpunkten zu Grunde zu legen ist, findet in Wien und Niederösterreich eine Berücksichtigung der Valutaentwertung bei Ermittlung des Wertzuwachses nicht statt. Vielmehr stellt nach der Judikatur des Verwaltungsgerichtshofes die Differenz der Ziffern des Erwerbs- und Veräußerungspreises anstatt eines wahrhaften Wertzuwachses die Bemessungsgrundlage dar. Fällt der Erwerb in die Zeit vor dem Ende der wertzerstörenden Inflation (Ende September 1922), so spielt der Erwerbspreis als Abzugspreis ziffermäßig überhaupt kaum eine Rolle und die Abgabe wird nicht von einem Wertzuwachs, sondern einfach vom Veräußerungspreise bemessen (obwohl dieser ohnedies von der staatlichen Immobiliargebühr samt Gemeindezuschlag getroffen wird). Daß eine solche Abgabe, die ja in der Inflationszeit ihre Berechtigung hatte, sich heute als Anachronismus darstellt und daher selbst in den jetzt reduzierten Sätzen nicht als rationell bezeichnet werden kann, bedarf keines weiteren Beweises. Denn durch eine bis zur äußersten Konsequenz durchgeführte Wertzuwachsabgabe mag allenfalls der ganze durch die Steigerung des Bodenwertes erzielte Gewinn weggesteuert werden; hier wird aber in den Fällen, in welchen der Erwerbsakt noch in die Inflationszeit fällt, das (Stamm-) Kapital selbst durch die Abgabe ergriffen. Daß die Wertzuwachsabgabe den Realitätenverkehr ungünstig beeinflussen muß, fällt um so schwerer ins Gewicht, als durch sie in aller Regel Objekte getroffen werden, die durch den Mieterschutz bereits wesentlich (bis zu 80% und darüber) an Wert eingebüßt haben. Nur insoweit sowohl der letztvorangegangene Erwerb als auch die Veräußerung in die Zeit relativer Geldwertstabilität (also in die Periode seit Ende 1922) fallen, verlieren die hier erörterten Einwendungen an Gewicht. Der Vollständigkeit halber sei noch bemerkt, daß die Wiener Wertzuwachsabgabe im Jahre 1927 8948000 Mill. Schilling (Abstattungsziffer) ergeben hat, was wohl beweist, daß viele Hausbesitzer trotz der Höhe der Abgabe zur Abstoßung ihres Besitzes gezwungen waren, und auf die geradezu kapitalvernichtende Wirkung der Wertzuwachsabgabe (in ihrer früheren Höhe) in Verbindung mit dem Mieterschutz ein charakteristisches Licht wirft.

Die Fürsorgeabgabe (Lohnabgabe) wurde in Wien im Jahre 1920 eingeführt und besteht jetzt in allen Ländern (abgesehen von Wien) als eine gemeinschaftliche Landes- und Gemeindeabgabe. Abgabepflichtig sind physische und juristische Personen, die in Ausübung ihrer auf Erwerb abzielenden Tätigkeit gegen Entgelt aufgenommene Arbeitskräfte verwenden. Das Ausmaß der Abgabe beträgt in der

Regel 4%, für Personen, welche den gewerbsmäßigen Betrieb von Geld= oder Kreditgeschäften ausüben (mit Ausnahme von Sparkassen) 8% (in Wien auf die Dauer der Beitragsleistung der Gemeinde zur Arbeitslosenversicherung 8½%) der Bruttolohn= (Gehalts=) Summe. Die Verdoppelung des Satzes für Bank= und Kreditinstitute findet wohl weniger in inneren Gründen als in dem Streben, landläufigen Strömungen oder Vorurteilen Rechnung zu tragen, ihre Erklärung. Gedacht ist die Fürsorgeabgabe als eine Steuer vom Ertrage aus der Verwertung der Arbeitskraft, was speziell im Wiener Gesetze in der Bestimmung zum Ausdruck kommt, die Entrichtung der Abgabe dürfe nicht zum Anlasse von Lohn= oder Gehaltkürzungen genommen werden. Ob sie aber praktisch als eine solche Steuer sich auswirkt und, da Überwälzungsverbote wie das eben erwähnte natürlich nur formale Bedeutung haben, nicht vielmehr als eine (nicht am Ertrage orientierte) Steuer auf einen wirtschaftlichen Akt, die Lohnauszahlung, also als eine Art indirekter, überwälzbarer Abgabe, ist mindestens zweifelhaft. Unter durchaus ernst zu nehmenden Interessenten (auch Unternehmern) ist bezeichnenderweise vielfach die Meinung verbreitet, daß die Abgabe in ihrem ökonomischen Effekte auf eine Kürzung des Gehaltes (Lohnes) in der Höhe des Steuerbetrages hinauslaufe. Daß sie die kleinen Betriebe besonders bedrückt und speziell bei diesen einen Antrieb zur Einschränkung der Aufnahme fremder Arbeitskräfte bildet, ist evident, zumal die Handhabung eine sehr fiskalische ist. Daß sie überhaupt oder in größerem Maße zur Erhöhung der Arbeitslosigkeit beiträgt, ist zwar nicht erwiesen, aber der Natur der Sache nach doch keinesfalls völlig auszuschließen. Jedenfalls ist sie besonders geeignet, die stärkere steuerliche Inanspruchnahme arbeitsintensiver Betriebe gegenüber weniger arbeitsintensiven, die innerhalb bestimmter Grenzen leider kaum vermeidbar ist, zu verschärfen[6]. Ein spezieller Nachteil der Fürsorgeabgabe ist, daß sie nur den inländischen Unternehmer (oder Angestellten) belastet, was durch zollpolitische Maßnahmen kaum paralysiert werden kann. Aber selbst wenn man die Fürsorgeabgabe ungeachtet dieser Bedenken als Ertragssteuer im früher bezeichneten Sinne qualifizieren wollte, wird der Zweifel berechtigt

---

[6] Über den Zusammenhang zwischen Steuerleistung und Struktur der Unternehmung, auf den hier nicht näher eingegangen werden kann, bietet die im Statistischen Reichsamte bearbeitete Schrift „Besteuerung und Rentabilität gewerblicher Unternehmungen", Berlin 1928, überaus instruktive Aufschlüsse.

sein, ob dieselbe von den durch andere Steuern (hier kommen hauptsächlich Einkommen- und Erwerbsteuer in Betracht) so stark belasteten österreichischen Unternehmern ohne weitere wesentliche Beeinträchtigung der kapitalbildenden Kräfte getragen werden kann. Jedenfalls werden die Unternehmer bestrebt sein, sich für die Abgabe (sofern sie sie nicht auf die Angestellten und Arbeiter zu überwälzen in der Lage sind) durch Erhöhung der Preise bzw. in Bankgeschäften durch Verteuerung der Konditionen schadlos zu halten. In der Tat wird in den bereits erwähnten Berichte der Völkerbundexperten auf eine Berechnung aus Interessentenkreisen verwiesen, wonach der gewerbliche und industrielle Umsatz unter der Annahme, daß die Lohnsumme beiläufig ein Drittel desselben ausmache, durch die Abgabe mit 1,3% belastet werde. Wahrscheinlich wird die Fürsorgeabgabe sich praktisch teils in einer Kürzung der Löhne und Gehälter, teils in einer Belastung des Umsatzes (der Konditionen), endlich auch (zum geringsten Teile) in einer Schmälerung des Unternehmergewinnes auswirken. Vom Standpunkte der österreichischen Wirtschaft kann keine dieser Wirkungen als gleichgültig oder unbedenklich bezeichnet werden. Freilich spielen die Fürsorgeabgaben im Haushalte der Gemeinden und Länder eine beinahe als ausschlaggebend zu bezeichnende Rolle. In Wien war der Ertrag der Fürsorgeabgabe im Jahre 1927 (Abstattungsziffer) rund 69,3 Mill. Schilling (wovon 60,6 Mill. Schilling auf die 4%ige und 8,7 Mill. Schilling auf die 8½%ige entfallen) und macht im Voranschlage für 1928 beinahe 39% der gesamten Abgaben (ohne Ertragsanteile) aus (im Voranschlag pro 1929 mit 76 Mill. Schilling sogar 41%). In den anderen Ländern schwankt dieser Prozentsatz zwischen 16 und 32, erhebt sich in Vorarlberg bis 43 und erreicht im Durchschnitte aller Länder inklusive Wien rund 35%. Angesichts der relativ ziemlich vollständigen Ausschöpfung aller anderen Steuerquellen muß deshalb schon der Gedanke einer erheblichen Herabsetzung der Fürsorgeabgabe praktisch auf die ernstesten Hindernisse stoßen.

Hauspersonalabgaben bestehen als Gemeindeabgaben in Wien und Graz. In Wien ist abgabepflichtig, wer zur Verrichtung von Dienstleistungen für sich oder die Mitglieder des Hausstandes zwei oder mehrere Personen verwendet. Für die zweite verwendete Person wird die Abgabe mit 50 Schilling jährlich, für jede weitere verwendete Person um 250 Schilling höher bemessen als für die unmittelbar vorhergehende, so daß für drei weibliche Personen 350 Schilling, für vier 900 Schilling jährlich zu zahlen sind. Die Abgabe für männliches Hauspersonal beträgt das Doppelte dieser Ansätze. (In Graz machen die Sätze nur etwa ein Viertel der Wiener aus.) Die Hauspersonalabgabe, gleichfalls eine Wiener Schöpfung der Nachkriegszeit, kann, da sie eine Person frei läßt und die zweite Person mit einem relativ niedrigen Betrage trifft, als eine Luxussteuer angesprochen und darf als durchaus rationell bezeichnet werden. Daß sie in einzelnen exzeptionellen Fällen zu Härten führen und durch die sehr starke Progression (in Wien) auch den Anlaß zur Personaleinschränkung bilden kann, ist richtig, bietet aber noch keine Unterlage für ernstere Einwendungen gegen diese Steuer. Verschwiegen kann nicht werden, daß auch hier, wie es scheint, nicht unbegründete Klagen über eine besonders fiskalische Handhabung der Abgabe vorliegen.

Von den Verbrauchsabgaben der autonomen Körperschaften wurde die Landesverbrauchsabgabe auf Bier bereits erwähnt. Außerdem finden wir — um nur die wichtigen Abgaben zu nennen — einen Getreideaufschlag in Tirol, der eingeführtes und im Lande erzeugtes Getreide und Mehl mit sehr mäßigen Sätzen trifft, und eine Schulabgabe in Salzburg, welche analogen Charakter aufweist. Ferner Verbrauchsabgaben auf Bedarfsgegenstände (darunter auch Nahrungsmittel) nach dem Marktpreise (1—15%) in Linz, Innsbruck und Graz. (Letztere Abgaben aus den seinerzeitigen Linienverzehrungssteuern hervorgegangen.)

Wichtiger sind die sogenannten Luxusverbrauchsabgaben auf Nahrungs- und Genußmittel, wieder eine Schöpfung der Wiener Nachkriegszeit (aus dem Jahre 1920), daneben noch in den steirischen und tiroler Städten bestehend. In Wien (die Bestimmungen in den anderen Städten sind vielfach ähnliche) unterliegt der Abgabe, wer im Betriebe einer Unternehmung, die sich durch höhere Preise, bessere Ausstattung, Komfort oder Kreis der Kunden oder bevorzugte Lage von Unternehmungen der gleichen Betriebsart heraushebt, Nahrungs- oder Genußmittel verabfolgt. Über das Vorhandensein der obigen Merkmale für die Abgabepflicht entscheidet der Wiener Magistrat nach freiem Ermessen mit der Beschränkung, daß von Unternehmungen derselben Branche höchstens ein Drittel unter die Abgabepflichtigen eingereiht werden darf, eine Beschränkung, die aber für Pensionen, Sanatorien und Klubs nicht gilt. Gewisse Betriebe, wie Nachtlokale, Varietés, Konzertcafés, unterliegen der Abgabe unter allen Umständen. Die Abgabe darf 15% des Entgelts (in den übrigen

Städten überwiegend 10%) nicht übersteigen, und ist je nach dem Grade und der Anzahl der für die Abgabepflicht maßgebenden Merkmale nach freiem Ermessen des Magistrates abzustufen, wobei die obenerwähnten unbedingt abgabepflichtigen Betriebe jedenfalls 15% zahlen. Die Abgabe ist, zumal in Wien, von den Interessenten sehr angefochten. Unzweifelhaft liegt ihr ein finanz- und sozialpolitisch gesunder Gedanke zugrunde. Derselbe wird aber durch den übermäßig großen Spielraum, der dem freien Ermessen eingeräumt ist (von demselben ist Abgabepflicht und Abgabesatz abhängig!) arg kompromitiert. Willkürakte (wirkliche und vermeintliche) sind beinahe unvermeidlich. Auch muß das Zusammentreffen zahlreicher Verbrauchsabgaben bei demselben Konsumakt Bedenken erregen. (Man denke z. B. an Bier, das der Staatssteuer und Landesverbrauchsabgabe unterliegt und dann beim Konsum von der Warenumsatzsteuer und eventuell von der Luxusverbrauchsabgabe getroffen wird.) Die Luxusverbrauchsabgabe erbrachte in Wien im Jahre 1927 zirka 14 Mill. Schilling.

Lustbarkeitsabgaben, für unsere Untersuchung minderwichtig, bestehen in allen Ländern für Vorführungen, Aufführungen, Vorstellungen, Belustigungen, Schaustellungen und öffentliche Wettbewerbe aller Art. Bei Kartenabgaben werden sie in Prozentsätzen vom Eintrittspreise, sonst mit festen Sätzen erhoben. Die Sätze sind außerordentlich mannigfaltig. Bei den Prozentualabgaben bewegen sie sich zwischen 5 und 40%. Einer ernsten Einwendung sind diese Abgaben an sich nicht ausgesetzt; doch macht sich angesichts der gesunkenen Kaufkraft des Publikums ihre Einhebung gerade bei den Darbietungen von künstlerischem Niveau ziemlich empfindlich fühlbar, so daß kulturpolitisch ernste Bedenken nicht zu unterdrücken sind. Auch wird über die übermäßig fiskalische Handhabung vielfach Klage geführt.

Wichtig sind die Abgaben von Energieverbrauch, d. i. von Verbrauch von Gas und elektrischem Strom. Sie bestehen als Landes- oder Gemeindeabgaben in allen Ländern und sind, sofern sie zugleich mit dem für Gas oder Strom gezahlten Betrage eingehoben werden, was die Regel bildet, als indirekte zu bezeichnen. Bemessen werden sie hinsichtlich des elektrischen Stromes in Prozenten des Strompreises oder mit fixen Sätzen von der Verbrauchseinheit (Kilowattstunde), hinsichtlich des Gases fast ausschließlich in Prozenten des Preises. Befreiungen bestehen wohl für Zugförderungsstrom auf dem öffentlichen Verkehr dienenden Bahnen, dagegen (mit einer vereinzelten Ausnahme) nicht für Kraftstrom. Namentlich im Hinblick auf den letzteren Umstand sind die Elektrizitätsabgaben, soweit sie höhere Sätze erreichen (vielfach 10—30%, in Wien nur 4%), gewiß nicht unbedenklich. Für Gas sind die Sätze niedriger (in Wien nur 1,5%).

Die Abgaben für Kraftfahrzeuge sind für uns hauptsächlich deshalb von Bedeutung, weil bei dem sich steigernden Kraftwagenverkehr die Frage der Deckung des hierdurch den öffentlichen Faktoren für Anlage und Erhaltung von Straßen erwachsenden Aufwandes immer dringender wird. Besonders für Landgemeinden fällt diese Frage bei den von ihnen erhaltenen Straßen schwer ins Gewicht. Der Zusammenhang zwischen Steuern und Kapitalbildung tritt hier in einem von dem bisherigen abweichenden Sinne zutage. Es handelt sich darum, der intensiven Abnützung des Kapitals, welches in den Straßen veranlagt ist, durch Steuermaßnahmen Rechnung zu tragen. Hierzu kommt, daß die Eisenbahnen, durch deren Anlage der Staat oder sonstige Faktoren kapitalbildend auftreten, durch den Kraftwagenverkehr konkurrenziert werden, weshalb die Gefahr einer teilweisen Entwertung des in den Eisenbahnen veranlagten Kapitals besteht. Gegenwärtig haben alle österreichischen Bundesländer Abgaben von Kraftfahrzeugen als Landes- oder Gemeindeabgaben. Abgabepflichtig sind die Eigentümer der inländischen Kraftfahrzeuge (ausländische sind bisher nur in einzelnen Ländern zur Besteuerung herangezogen worden). Bei Personenkraftwagen ist hauptsächlich die Anzahl der sogenannten Steuerpferdekräfte (welche hinter den wirklich entwickelten Pferdekräften bedeutend zurückbleiben), bei Lastkraftwagen überwiegend die Anzahl der Pferdekräfte Bemessungsgrundlage. Öffentliches Platzfuhrwerk wird mit festen Abgabesätze besteuert. Das Ausmaß ist sehr verschieden, häufig progressiv und bewegt sich zwischen 30 und 150 Schilling jährlich pro Steuerpferdekraft; für Lastkraftwagen ist es wesentlich geringer (in Wien wird für Lastkraftwagen die Abgabe derzeit nicht eingehoben). Landgemeinden heben häufig ziemlich systemlos Abgaben von Personenkraftwagen (in- und ausländischen) in Form von Mauten ein. In Niederösterreich heben Bezirksstraßenausschüsse 40—118% Zuschläge zu den Realsteuern aus dem Titel der Straßenabnützung ein. Der Ertrag der Abgabe betrug in Wien 1927 4,4 Mill. Schilling. Die gegenwärtige Methode der Besteuerung wird ziemlich allgemein als unbefriedigend betrachtet und ist jedenfalls insofern unsachlich, als der Bund, der durch die von ihm verwalteten Reichsstraßen ein Hauptinteressent ist, kein Besteuerungsrecht ausübt. Es wird deshalb jetzt das Projekt einer Benzinsteuer mit Beteiligung der Länder und Gemeinden am Ertrage bentiliert. Zweifellos wäre diese Besteuerungsform nach Lösung gewisser technischer Detailfragen viel rationeller.

Die übrigen Landes- und Gemeindeabgaben können unsere Aufmerksamkeit nur in geringerem Maße beanspruchen. Erwähnenswert wäre im Hinblick auf die Rolle, die der Reklame heute für die Entwicklung des Geschäftslebens beigemessen wird, noch, daß die vielfach, darunter auch in Wien, bestehende Abgabe von Ankündigungen und Plakaten zumal wegen der Höhe des Satzes (in Wien 30% des Entgeltes) scharfer und berechtigter Kritik seitens der Interessenten begegnet, nicht minder die in Wien, Linz, Salzburg und Graz bestehende Anzeigen- (Inseraten-) Abgabe, die in Wien progressiv nach der Höhe der monatlichen Inserentengebührsummen abgestuft ist. (Von 20000 Schilling 10%, von je weiteren 20000 Schilling um 5% mehr und von dem 100000 Schilling übersteigenden Teile 35%.) Die in einigen Städten und Gemeinden, darunter Wien, bestehende sogenannte Konzessionsabgabe (Abgabe von bestimmten Erwerbsunternehmungen oder von der Übertragung und Verpachtung derselben) spielt mit Rücksicht auf ihr nicht bedeutendes Ausmaß kaum eine Rolle.

V. Gesamtsteuerbelastung, Kapitalbildung und Abgabenverwendung.

Für die Ermittlung der gesamten Belastung der österreichischen Bevölkerung durch Steuern und Abgaben aller Art (jedoch mit Ausschluß der Einnahmen aus Monopolen und Betrieben) liegen folgende Ziffern vor. Die gesamten Abgaben des Bundes mit Einschluß der Ertragsanteile der Länder und Gemeinden, welche sich pro 1927 mit 267 Mill. Schilling bezifferten, und der bei den Bundesbahnen berrechneten Eisenbahnverkehrsteuer pr. zirka 25 Mill. Schilling lieferten im Jahre 1927 einen Ertrag von rund 1 050 000 000 Schill. Hierzu der Abgabenertrag der Gemeinde Wien 1927

abzüglich der Ertragsanteile . . . . 190 000 000 „

Summe 1 240 000 000 Schill.

Übertrag: 1 240 000 000 Schill.

Als Abgabenertrag der Länder außer Wien kann pro
1927 nach den Voranschlägen (die tatsächlichen Er-
gebnisse liegen erst pro 1925 vor) nach Abzug der
Ertragsanteile ein Betrag von . . . . 100 000 000 „
veranschlagt worden.

Für die Gemeindeabgaben liegen die Ertragsziffern
pro 1925 jedoch nur bezüglich der Gemeinden über
5000 Einwohner vor. Dieselben ergeben . . . . 36 000 000 „

Für die Gemeinden unter 5000 Einwohnern, ferner
für Abgaben der Bezirke kann unter Benützung von
im Finanzministerium angestellten Schätzungen
ein Betrag von . . . . 80 000 000 „
veranschlagt werden.

Summa 1 456 000 000 Schill.

Bei Zuschlag eines Betrages für jene Abgaben, die nur mit dem
Ergebnis pro 1925 einbezogen sind, würde pro 1927 ein Gesamtabgaben-
betrag von (Minimum) 1 500 000 000 Schilling resultieren. Bei einer
Gesamtbevölkerung von rund 6,5 Millionen bedeutet dies eine jährliche
Abgabebelastung pro Kopf von rund 230 Schilling. Eine solche Kopfbelastung ist zweifellos absolut und relativ auch für Nachkriegsverhält-
nisse eine sehr hohe. Nach den vom Schatzkanzler Churchill in der eng-
lischen Unterhaussitzung vom 22. Juni d. J. gemachten Angaben würde
sie (nach den Budgets 1925—1926) nur von der steuerlichen Kopfbelastung Großbritanniens und Frankreichs, in welchen Ländern aber
das Volkseinkommen sicherlich ein ungleich höheres ist, übertroffen.
(Die steuerliche Belastung Deutschlands scheint von Churchill mit
200 Schilling pro Kopf unterschätzt zu werden. Sie ist mit Einschluß
der Reparationsleistungen gewiß mit 169,51 Reichsmark gleich
282,50 Schilling [7] pro Kopf nicht zu hoch gegriffen.) Selbst in dem
Bericht von Layton und Rist, der sich noch auf die Steuerergebnisse
vom Jahre 1925 stützt und daher bezüglich der österreichischen Ziffern
als überholt zu betrachten ist, im übrigen deutlich die Tendenz verrät,

---

[7] Nach den vorläufigen Ergebnissen der Reichsfinanzstatistik (vgl. Statist. Jahr-
buch für das Deutsche Reich, 1928, S. 540, 541) betrug in Deutschland ohne
Saargebiet, d. h. mit Ausschluß eines bisher besonders steuerkräftigen Teils,
1925/26 das Steueraufkommen:

die Steuerbelastung Österreichs in milderem Licht erscheinen zu lassen, muß eingeräumt werden, daß die steuerliche Kopfbelastung Österreichs die der viel reicheren Tschechoslowakei, ja selbst die Böhmens, Mährens und Schlesiens, also der blühendsten Länder dieses Staates, übertrifft.

Stellt man die obige Gesamtabgabenbelastung von 1,5 Milliarden Schilling dem Volkseinkommen gegenüber und schätzt dieses mit Dr. F. Hertz (in seinem Referate über „Kapitalbedarf, Kapitalbildung und Volkseinkommen in Österreich") auf rund 6,2 Milliarden Schilling, so würde sich eine Gesamtbelastung des letzteren durch Steuern und Abgaben von zirka 25% ergeben. Dr. Hertz kommt auf Grund der Voranschläge pro 1927 und unter Einbeziehung der Einnahmen aus Monopolen und Betrieben (was m. E., abgesehen davon, daß diese Einnahmen zum größeren Teile privatwirtschaftlichen Charakter haben, deshalb Bedenken unterliegt, weil in denselben auch reine Kostenvergütungen stecken — nur die reinen Monopol= und Betriebsgewinne könnten allenfalls in Rechnung gestellt werden) zu einer Belastung von 28,4%. Immerhin sind die oben errechneten 25% als ein Minimum zu betrachten.

Zu der steuerlichen Belastung der österreichischen Bevölkerung kommt noch jene durch andere Finanzgewalten, die auf gesetzlicher Grundlage Zwangsbeiträge eintreiben (sogenannter Hilfsfiskus nach der von Prof. F. Mann in einer Abhandlung in den Jahrbüchern für Nationalökonomie und Statistik 1928, 3. Folge, Bd. 74 geprägten Terminologie). Für Österreich sind unter diesem Titel die Beiträge für die Sozialversicherung in Rechnung zu stellen, welche nach dem Berichte von Lay=

an Reichssteuern	4272,4	Millionen Rmk.
an Ländersteuern	2396,2	„ „
an Gemeindesteuern	3205,5	„ „
in den Hansestädten	246,5	„ „
insgesamt	10120,6	Millionen Rmk. pro Kopf 162,16 Rmk.

außerdem:
Sonderleistungen aus dem Dawesabkommen:

Eisenbahnleistungen	396,4	Millionen Rmk.
Industrielasten	62,5	„ „
zusammen mit Steuern	10579,5	Millionen Rmk., pro Kopf 169,5 Rmk.

Gegenüber 4051,4 Gesamtsteuerlast 1913/14 ergibt sich somit für 1925/26 eine Steigerung um 141,85% bei wesentlich gemindertem Gebiet und großer Verarmung durch Krieg und Inflation.

ton und Rist mit 40 Schilling pro Kopf und Jahr zu schätzen wären (heute jedenfalls höher sind), woraus sich dann eine Jahresbelastung des Volkseinkommens durch Fiskus und Hilfsfiskus von (mindestens) 28% ergeben würde.

Zergliedert man die Abgabenertragsziffern nach Steuerkategorien, so zeigt sich, daß von der gesamten Bundesabgabenziffer pro 1927 per 1050 Mill. Schilling rund 327 Mill. Schilling auf direkte Steuern und 323,9 Mill. Schilling auf Zölle und Verbrauchssteuern, wenn man aber die Warenumsatzsteuer mit 237,2 Mill. Schilling zu den Verbrauchssteuern rechnet, rund 561 Mill. auf diese letzteren und die Zölle entfallen. Der Rest entfällt hauptsächlich auf Stempel- und Gebühreneinnahmen.

Den Besitzsteuern sind außer den direkten Steuern auch noch die Immobiliargebühren sowie die Erb- und Schenkungssteuern samt Bundeszuschlägen, deren Ertrag im Jahre 1927 mit rund 41,6 Mill. Schilling zu beziffern ist, ferner die als Luxussteuer zu qualifizierende Quote der Warenumsatzsteuer, welche 8 Mill. Schilling betragen dürfte, hinzuzurechnen, so daß man pro 1927 zu einem Besitzsteuerertrage von zirka 380 Mill. Schilling gelangt. Diese Summe kann mit Rücksicht darauf, daß auch in den Zöllen eine Luxussteuerkomponente steckt, unbedenklich auf 400 Mill. Schilling erhöht werden. Zu beachten wäre noch, daß im Ertrage des Tabakmonopoles per rund 182 Mill. Schilling und dem des Salzmonopoles per 16 Mill. Schilling[5] (die in dem Gesamtabgabenertrage von 1050 Mill. Schilling nicht enthalten sind) eine (Quasi-) Verbrauchssteuerkomponente steckt.

Das Verhältnis zwischen Besitz- und Verbrauchssteuern, wie es sich aus diesen Ziffern ergibt, kann gewiß nicht als günstig bezeichnet werden, ist jedenfalls weniger befriedigend als im alten Österreich, dessen Steuerkultur freilich, wie heute rückschauend festgestellt werden muß, sowohl vom Standpunkte der Systematik als dem der Gerechtigkeit (wenn von der zu geringen Ausschöpfung der Einkommen- und Erbsteuer abgesehen wird) sowie im Hinblick auf ruhiges, nie überstürztes Fortschreiten auf einem relativ hohem Niveau war. Dieses Verhältnis als undemokratisch zu bezeichnen, wie dies vielfach geschieht, wäre aber nur begründet, wenn der Beweis erbracht werden

---

[5] Die Ertragsziffern bei den Monopolen stellen die kassamäßigen Überschüsse dar. Die (Brutto-) Betriebseinnahmen des Tabakmonopols werden pro 1928 mit 328,6 Mill. Schilling veranschlagt.

könnte, daß eine stärkere Heranziehung der Besitzsteuern bei gleichzeitiger Herabsetzung der Verbrauchssteuern möglich wäre. Eine solche Änderung der österreichischen Steuerpolitik müßte jedoch schon angesichts der Höhe der Sätze der direkten Steuern und der Erbsteuern als schwer vertretbar erscheinen. Die Bedenken verstärken sich, wenn man die Einkommenverteilung, wie sie sich aus der Steuerstatistik ergibt, betrachtet. In Österreich waren nämlich im Jahre 1925 — nach den in dem Referate des Dr. Hertz mitgeteilten Ziffern — von 514103 im Bemessungswege veranlagten Einkommensteuerpflichtigen (Pflichtige mit der Abzugssteuer unterliegenden Dienstbezügen sind darunter nicht begriffen) 306992, also beinahe 60 %, solche, welche ein Einkommen bis zu 3400 Schilling besaßen. Die Zensiten mit einem Einkommen bis 7200 Schilling machten 88 %, die bei einem Einkommen von 1400—10200 Schilling 92 % (letztgenannte Ziffern nach dem Budgetexposé des Finanzministers Dr. Kienböck vom 23. Oktober 1928) der Gesamtzahl aus. Nur 2 % hatten (nach Dr. Kienböck) ein Einkommen über 22000 Schilling. Das bei den Zensiten bis zu einem Einkommen von 14400 Schilling veranlagte Einkommen repräsentierte bereits 74 % des veranlagten Gesamteinkommens. Das Besitzeinkommen, d. i. der bei dem einzelnen Zensiten 10200 Schilling übersteigende Teil des Jahreseinkommens, wird von Dr. Hertz mit 6,8 % des gesamten Volkseinkommens veranschlagt. Die höheren Einkommen spielen also eine beinahe untergeordnet zu nennende Rolle. Charakteristisch für die Grundlagen des Kapitalbildungsprozesses im neuen Österreich ist es endlich, daß (nach Dr. Hertz) von dem durch die Einkommensteuer erfaßten Bruttoeinkommen entfielen

im Gebiete des heutigen Österreichs (ohne Burgenland)

	1925 rund	1913 rund
auf das Einkommen aus Grundbesitz	8 %	5,0 %
aus Gebäudebesitz	0,1 %	8,5 %
aus selbständigen Unternehmungen	24 %	30,5 %
aus Dienstbezügen	63 %	39,0 %
aus Kapitalvermögen	2 %	14,0 %

(Rest auf sonstiges Einkommen).

Angesichts dieser Ziffern, und da Fortschritte in der privaten Kapitalbildung wesentlich mit dem Besitzeinkommen und der Höhe desselben verknüpft sind, wird man vor einer Erhöhung der Besitzsteuern sicherlich zurückscheuen; zudem ist es einleuchtend, daß unter den obwaltenden Verhältnissen ein ins Gewicht fallender finanzieller Effekt durch eine Steuererhöhung nicht erzielt werden kann.

Die Schwierigkeiten, vor welche sich die Veranlagungsbehörden durch zu hoch gespannte direkte Steuern gestellt sehen, und die katastrophalen Wirkungen solcher Überspannung auf die Steuermoral werden vom österreichischen Finanzministerium im Motivenberichte zur Körperschaftssteuernovelle vom Jahre 1924 mit treffender Schärfe hervorgehoben. „Nach einer jahrhundertealten Erfahrung" — heißt es dort —, „die nach einigen Generationen immer wieder vergessen wird und neu erprobt werden muß, führt die Überlastung einzelner Steuerformen durch zu hohe Steuersätze zu Steuerhinterziehungen, Ungleichmäßigkeiten der Besteuerung und zu einer Verminderung des Steuerertrages. Bei den direkten, auf Bekenntnis beruhenden Steuern bedarf es eines Zusammenwirkens des Steuerpflichtigen und des Veranlagungsorgans. Wenn die Steuersätze eine übertriebene Höhe erreichen, reißt Steuerbetrug in einem Umfange ein, den die Verwaltung weder mit den Mitteln der Veranlagung noch mit jenen des Strafverfahrens erfolgreich zu bekämpfen vermag. Dazu, daß diese Mittel wirksam seien, ist die Voraussetzung, daß wenigstens ein erheblicher Teil der Steuerpflichtigen die Veranlagung durch ehrliche Bekenntnisse oder Auskünfte unterstützt. Es hieße sich blind stellen, wenn man nicht erkennen wollte, daß es bei uns in dieser Beziehung nicht am besten bestellt ist. Aber nicht nur bei uns, sondern ebenso in anderen Staaten, die, wenn auch nicht gleich hohe, so doch ebenfalls übertrieben hohe Steuersätze aufweisen. Wir nähern uns bereits Zuständen, wie sie vor der Personalsteuerreform des Jahres 1896 bei uns bestanden haben. Insbesondere zeigt sich wieder, daß nicht nur die Steuerpflichtigen sich mit erlaubten und unerlaubten Mitteln gegen die Steuer wehren, sondern daß bei beamteten und nicht beamteten Veranlagungsorganen das Gefühl verbreitet ist, daß die Steuersätze nicht voll zur Anwendung kommen können, daß man Billigkeit walten, Rücksicht auf die Lebensfähigkeit von Betrieben üben müsse u. dergl. Die Finanzverwaltung ist davon überzeugt, daß das System übertriebener Steuersätze und mangelhafter Veranlagung auch fiskalisch ungünstiger ist als jenes mäßigerer Steuersätze und gewissenhafterer Veranlagung... Heute wird die Höhe der Steuervorschreibung in weitem Maße und in ganz anderem Umfange als unter normalen Umständen davon abhängig, wie weit das Veranlagungsorgan die Besteuerung nach dem Gesetze oder aber nach subjektiven Rücksichten der Billigkeit und des Ermessens durchführen zu können glaubt!"

Auch Dr. Hertz, der alle für eine hoffnungsvolle Beurteilung der österreichischen Wirtschaftslage sprechenden Momente sorgfältig berücksichtigt, ist offenbar nicht der Anschauung, daß die Kapitalbildung in Österreich sich bereits der Normalität nähere. Er räumt ausdrücklich ein, daß an der Erschwerung und Verlangsamung der Kapitalbildung in Österreich die Höhe der Steuern einen Anteil habe (wovon im weiteren Verlaufe noch die Rede sein soll), und charakterisiert die soziale Tendenz Österreichs als fortschreitende Verbäuerlichung, Verkleinbürgerlichung und Provinzialisierung. Unter diesen Umständen kann von einem Ausgleich zwischen Besitz- und Verbrauchssteuern zu dem Ende, den Ertrag der ersteren zu erhöhen, den der letzteren zu senken, so wünschenswert speziell das Zweite sowohl vom Standpunkte der Produzenten als der Konsumenten wäre, ernstlich nicht die Rede sein.

In der öffentlichen Diskussion über die österreichische Steuerpolitik und eine etwa wünschenswerte Änderung desselben wird vielfach, und zwar nicht lediglich von sozialistischer Seite, die Behauptung vertreten, daß das Problem einer entsprechenden oder entsprechenderen Aufteilung der Besitz- und Verbrauchssteuern seitens der jetzigen Verwaltung der Gemeinde Wien gelöst oder der Lösung nahegebracht worden sei. Da eine Untersuchung der Methoden der Wiener Finanzpolitik auch wichtige Aufschlüsse über das Problem des Einflusses der Steuern auf die Kapitalbildung zu bieten vermag, so erscheint es sachlich geboten, diesen Methoden hier ein näheres Augenmerk zuzuwenden. Dabei fällt zunächst die Art der Verwendung der Steuereinnahmen bzw. die Struktur des Ausgabenbudgets auf. Nach dem Rechnungsabschluß der Stadt Wien für das Jahr 1925 machen die Ausgaben für Wohlfahrtseinrichtungen, Jugendfürsorge und Gesundheitswesen, ferner für Sozialpolitik und Wohnungswesen 42,5 % der Gesamtausgaben aus, d. h. einen Prozentsatz, wie er nur in sehr wenigen öffentlichen Haushalten erreicht werden dürfte. Auch die wertvermehrenden Investitionen erreichten in den letzten Jahren (siehe das Referat Dr. Hertz) beinahe 40 % der Gesamtausgaben und bezifferten sich nach den Voranschlägen 1925—1928 auf je über 150 Mill. Schilling, im Jahre 1927 sogar auf über 200 Mill. Schilling. Offensichtlich strebt also die Gemeinde Wien die Bildung von öffentlichem Kapital, öffentliche Kapitalakkumulation an. Daneben — es ist eigentlich die Hauptsache — hat die Wiener Gemeindeverwaltung den kommunalen Haushalt stets — auch in der schwersten Zeit der Inflation — in Ordnung erhalten, eine finanzpolitische Leistung ersten Ranges, die überdies ohne erhebliche Kreditinanspruchnahme vollbracht wurde. Ob speziell letzteres Moment wirtschaftlich unbedingt als Aktivpost zu buchen ist, hängt von der Beurteilung der Steuerpolitik ab, die eben den Appell an den öffentlichen Kredit fast völlig vermeidbar machte. Nun betrugen die gesamten Steuereinnahmen der Stadt Wien im Jahre 1927 rund 317 Mill. Schilling, wovon in runden Ziffern 179,7 Mill. Schilling auf Gemeinde= (Landes=) Abgaben, 126,7 Mill. Schilling auf Ertragsanteile an den gemeinschaftlichen Bundesabgaben, 3,6 Mill. Schilling auf Zuschläge zu den Bundessteuern und der Rest auf verschiedene Einnahmen aus dem Steuerwesen (darunter ein Beitrag des Bundes für die Einhebung von Bundessteuern von rund 5,865 Mill. Schilling) entfallen. Von dem Ertrag der Gemeindeabgaben waren in der Hauptsache (Abstattungsziffern): 36,6 Mill. Schilling Wohnbausteuer, 69,3 Mill. Schilling Fürsorgeabgabe, 15 Mill. Schilling Lustbarkeitsabgabe, 14 Mill. Schilling Nahrungs= und Genußmittelabgabe, 4 Mill. Schilling Fremdenzimmerabgabe, 9 Mill. Wertzuwachsabgabe, 5 Mill. Schilling Plakat= und Anzeigenabgabe, 2,3 Mill. Schilling Hauspersonalabgabe, 4,4 Mill. Schilling Kraftwagenabgabe, 1 Mill. Schilling Hundeabgabe, 3 Mill. Schilling Feuerversicherungsbeiträge (der gegen Brandschaden Versicherten zu den Kosten der Feuerwehr), 3,4 Mill. Schilling Wasserkraftabgabe (Abgabe von elektrischem Strom und Gas), 10 Mill. Schilling Bierverbrauchsabgabe, der Rest zersplittert. Bei sehr larger (im einzelnen wohl nicht unanfechtbarer) Auffassung kann man Wohnbausteuer, Lustbarkeitsabgabe, Nahrungs= und Genußmittelabgabe, Fremdenzimmerabgabe, Wertzuwachsabgabe, Plakat= und Anzeigenabgaben, Hauspersonalabgabe, Kraftwagenabgabe, Hundeabgabe und Feuerversicherungsbeiträge zu den Besitz= und Luxussteuern rechnen, womit für dieselben ein Ertrag von 94,3 Mill. Schilling, d. h. 52% des Gesamtertrages, an Gemeindeabgaben resultiert. Hiernach erschiene das Verhältnis zwischen Besitz= und Verbrauchssteuern für die eigentlichen Gemeindeabgaben allerdings wesentlich günstiger als für die Bundessteuern, was aber größtenteils durch die ganz anders gearteten Aufgaben des Bundes bedingt ist. Wenn man vollends die Fürsorgeabgabe mit ihren 69 Mill. Schilling Ertrag als Besitzsteuer qualifizieren wollte, so wären sogar mehr als 90% aller Gemeindeabgaben zu den Besitzsteuern zu zählen. **Allein diese Subsumtion der Fürsorgeabgabe unter die Besitzsteuern wird man nach dem, was über diese Abgabe gesagt wurde, bei objektiver und rationeller Prüfung kaum vornehmen dürfen.** Hier setzt allerdings eine qualifizierte Argumentation zugunsten der Wiener Finanzpolitik ein. Selbst wenn die Fürsorgeabgabe nicht als Besitzsteuer zu betrachten wäre (von sozialdemokratischer Seite wird sie als solche kategorisiert), soll sie gleichwohl durch ihre besondere sozialpolitische Verwendung ihre Rechtfertigung finden. Nach den Worten R. Goldscheids in der Abhandlung „Staat, öffentlicher Haushalt und Gesellschaft" im Handbuch der Finanzwissenschaft von Gerloff und Meisel dient die Fürsorgeabgabe „zur Wiederinstandsetzung des aufgebrauchten organischen Kapitals, hat also die überaus bedeutsame Funktion, nachdem Arbeitskraft sich in Kapital verwandelt hat, Kapital wieder in menschliche Leistungsfähigkeit zurückzuverwandeln". Ich glaube bei der folgenden Erörterung von einer speziellen Widmung der Fürsorgeabgabe für sozialpolitische Aufgaben absehen zu sollen; denn abgesehen davon, daß diese Widmung in dem betreffenden Gesetz lediglich im Titel desselben zum Ausdruck kommt, kann ja dem praktischen Verlaufe der Dinge nach von der effektiven Verwendung eines Abgabeertrages für einen bestimmten Zweck nur dann die Rede sein, wenn dieser Ertrag in einen besonderen Fond hinterlegt wird und aus diesem sodann die für die Durchführung einer sozialen Institution nötigen Beträge geschöpft werden. Es unterliegt keinem Zweifel, daß die Gemeinde Wien auch den Ertrag anderer Abgaben zur Deckung der sozialen Ausgaben heranzieht oder heranziehen kann und bei anderer Gestaltung ihres Finanzsystems den Aufgaben, die sie sich auf sozialem Gebiete gestellt hat, gerecht zu werden in der Lage wäre. Mit der gleichen Berechtigung könnte man sagen, daß der sehr erhebliche Anteil der Gemeinde Wien an den gemeinschaftlichen Bundesabgaben (zirka 40% der Gesamteinnahmen) sie in den Stand setze, ihre sozialen Aktionen durchzuführen. Dabei trifft es sich sehr gut, daß dieser Anteil speziell auch aus den staatlichen Besitzsteuern (Einkommen=, Erwerbs=, Körperschaftssteuer, die ja wenigstens ihrer grundsätzlichen Bedeutung nach in der Besitzbesteuerung eine größere Rolle spielen als die Wiener Gemeindesteuern) gespeist wird, und daß gerade der Besitz sicherlich berufen ist, zur Rückverwandlung des von ihm durch Benützung der menschlichen Arbeitskraft geschaffenen Kapitals in menschliche Leistungsfähigkeit beizutragen. Methodisch richtiger wird es sein, zu untersuchen, ob es in der Tat angängig ist, Art und Höhe der Steuern gegenüber ihrer Verwendung in die zweite Linie der Betrachtung zu rücken oder — um wieder mit Goldscheid bzw. im Sinne der sozialistischen Parteitage zu sprechen — nicht Art und Höhe der Steuern, sondern ihren Verwendungszweck für das Ausschlaggebende zu erklären. Ich muß bekennen, daß ich gegen eine Übertragung des Grundsatzes „der Zweck heiligt die Mittel", auf welche der obige Standpunkt in letzter Linie hinausläuft, auf die Steuerpolitik sehr ernste Bedenken hege. Eine vom Standpunkte der Wirtschaft anfechtbare oder nicht rationelle Steuer übt unmittelbar eine schädliche Wirkung aus, und zwar als Massenwirkung, die als Beeinträchtigung des wirtschaftlichen Wohles weiter Volkskreise in Erscheinung tritt. Sozialpolitische Aktionen, wie sie hier in Frage stehen (Wohnbauten, Heilstätten usw.), können aber ihren wohltätigen Einfluß in Hinsicht der Erhaltung oder Wiederherstellung der menschlichen Leistungsfähigkeit nur allmählich, in längerem Zeitverlaufe und immer nur in einem verhältnismäßig begrenzten Kreise zur Geltung bringen. Von einer Kompensation oder gar Behebung der durch die Steuern verursachten Schädigungen kann um so weniger die Rede sein, als jene Aktionen an ganz anderer Stelle und ohne jeden Zusammenhang mit den fraglichen Schädigungen einsetzen. Aber selbst wo eine soziale Aktion auf Massenwirkung abgestellt ist, wie etwa die Alters- und Invaliditätsversicherung, erschiene es durchaus verfehlt, eine Steuer, welche notwendige Lebensbedürfnisse verteuert oder sonst den Lebensstandard breiter Schichten zu beeinträchtigen geeignet ist, durch den Hinweis auf die wohltätigen Wirkungen einer solchen Aktion zu rechtfertigen. Zudem ist noch folgendes zu bedenken. Indem man den Zweckgedanken zum bestimmenden Elemente und Antriebe des Steuersystems macht, stellt man dieses in den Dienst politischer Zielsetzung. Je weiter und allgemeiner dann die politischen Ziele gesteckt werden, desto mehr können und werden die politischen Machtfaktoren die sachlichen Rücksichten bei der Auswahl der Steuern außer acht lassen.

Selbstverständlich soll durch diese Bemerkungen die außerordentliche Bedeutung des Problems der entsprechenden Steuerverwendung aus dem Gesichtspunkte der sozialen und ökonomischen Interessen, ein Problem, das in dem in den Schriften des Vereins für Sozialpolitik jüngst erschienenen Gutachten Goldscheids „Steuerverwendung und Interessenpolitik" eine eingehende Behandlung erfahren hat, in keiner Weise herabgesetzt werden. Die grundsätzliche Forderung, die sich aus diesen Betrachtungen ergibt, muß aber dahin formuliert werden, daß **volkswirtschaftlich rationelle Steuern in gerechter, sozial vernünftiger Weise zu verwenden sind.** In erhöhtem Maße muß diese Forderung für ein Land gelten, dessen Wirtschaft durch gehäufte Katastrophen auf das Härteste betroffen wurde, das sich aus einer schweren Krise emporarbeitet und in dem die Kapitalbildung — wie aus dem statistischen Material erhellt — zurückgeblieben ist und nur mühsam und mit Stockungen vor sich geht. In einem solchen Lande erhöht sich die Bedenklichkeit einer drückenden, die Ernährung und Lebenshaltung der breiten Massen oder die Kapitalbildung schädigenden Steuer noch um ein Bedeutendes. Ebenso wird es für die **Gegenwartsentwicklung der österreichischen Wirtschaft als sehr gefährlich bezeichnet werden müssen, dem Prinzipe der Förderung der öffentlichen Kapitalbildung auf Kosten der privaten oder gar unter Unterbindung der Reproduktion des Privatkapitals zum Durchbruch verhelfen zu wollen.** Die Schädigung der österreichischen Volkswirtschaft durch Unterbindung oder planmäßige Hemmung der Kapitalbildung, insbesondere auch die ungünstige Wirkung auf den Arbeitsmarkt (Erhöhung der Arbeitslosigkeit), wäre so unausbleiblich und eklatant, daß sie durch Kapitalsakkumulation in der öffentlichen Hand gewiß nicht gerechtfertigt oder gemildert werden könnte.

Vielleicht wäre es übertrieben, schon in dem jetzigen Stadium der Steuerpolitik der Gemeinde Wien oder irgendeines anderen öffentlichen Faktors qualifizierte Gefahrenelemente der angedeuteten Art als gegeben zu bezeichnen. Aber angesichts der Gesamtbelastung der österreichischen Bevölkerung mit öffentlichen Abgaben und der kaum abzuleugnenden Tendenz der Gemeinde Wien, die öffentliche Kapitalbildung auf Kosten der privaten zu fördern, ja zu forcieren, werden Besorgnisse für die Zukunft nicht als unbegründet bezeichnet werden dürfen.

Besorgnisse werden auch durch eine Tatsache genährt, die noch einer besonderen Erörterung bedarf. Die Abgabenerträge weisen nämlich seit dem Jahre 1923 eine unausgesetzt steigende Entwicklung auf, obwohl der Zustand der österreichischen Wirtschaft in dieser Periode ein unbefriedigender, um nicht zu sagen krisenhafter war und erst im Laufe des Jahres 1927 Zeichen der Besserung festzustellen sind.

Es bezifferte sich nämlich der Gesamtertrag der Bundesabgaben (ohne Monopole)

	in den Jahren				
	1923	1924	1925	1926	1927
mit rund	611 588 000	838 291 000	902 144 000	966 221 000	1 023 526 000
der direkten Steuern mit	162 975 000	282 794 000	285 129 000	325 359 000	327 144 000
der Verbrauchssteuern ohne Warenumsatzsteuer mit . . .	67 323 000	79 973 000	85 496 000	89 396 000	86 368 000
der Warenumsatzsteuer mit	55 736 000	200 710 000	223 291 000	227 306 000	237 147 000
der Zölle mit . . .	99 874 000	138 788 000	196 528 000	211 365 000	237 569 000
der Ertrag des Tabak- und Salzmonopols betrug (netto Überschüsse)	90 686 000	132 043 000	165 229 000	188 554 000	198 016 000

Zu dieser Tabelle ist zu bemerken, daß a) die Erwerbs- und Körperschaftssteuer ab 1924, die Einkommensteuer ab 1925 ermäßigt wurde, b) die Warenumsatzsteuer mit erstem April 1923 eingeführt und mit 1. Januar 1924 verdoppelt wurde, c) die Sätze des Zolltarifs in der kritischen Periode die bereits früher erörterten Modifikationen erfuhren und d) die Preistarife der Tabakregie in den Jahren 1923 und 1924 mehr oder weniger durchgreifend erhöht wurden.

Auch die Wiener Gemeindeabgaben (inklusive Zuschläge zu den Bundessteuern, jedoch ohne Ertragsanteile) zeigen eine steigende Tendenz. Sie betrugen

1925 rund . . 169 568 000 Schilling
1926 „ . . 171 686 000 „
1927 „ . . 183 723 000 „ (Abstattungsziffern).

Die kontinuierlich ansteigende Entwicklung der Steuereingänge bei ungünstiger wirtschaftlicher Konjunktur ist jedenfalls als eine singuläre oder abnormale Erscheinung zu werten, für deren

Erklärung völlig plausible Gründe eigentlich nicht zur Hand sind. Insoweit die Veranlagungssteuern in Betracht kommen, beweisen obige Ziffern jedenfalls, daß Veranlagung und Eintreibung der Steuern an Intensität und Energie nichts zu wünschen übrig lassen. Damit steht eine ziemlich allgemeine Klage der erwerbstätigen Bevölkerung über hohen Steuerdruck in Relation. Ins Gewicht fällt, daß der Eingriff der Steuerverwaltung in die Lebensverhältnisse der Pflichtigen gehäuft, zersplittert und auf mannigfach verschlungenen Wegen erfolgt, so daß der einzelne, ohne über die gesamte, ihn treffende Belastung eine klare Vorstellung zu gewinnen, den Druck um so kontinuierlicher und (nicht zum wenigsten wegen des ihm durch die verschiedenen Zwangsgewalten auferlegten Arbeitsaufwandes) lästiger empfindet. Einigermaßen wird die streng kausalgesetzliche Entwicklung der Steuereinnahmen durch aus der Inflationszeit herüberreichende Wirkungen gestört; große Steuerpflichtige, insbesondere Körperschaften, bei welchen die Veranlagung jahrelang ins Stocken geraten war, sind nachträglich herangezogen worden, was dem Fiskus stark ins Gewicht fallende Zuschüsse brachte. Hinsichtlich des Konsums dürften die Sitten und Gebräuche der Inflationszeit (Mehrverzehrung) ihre Herrschaft noch nicht völlig eingebüßt und die Verbrauchssteuer und Monopoleingänge kräftig alimentiert haben. Daß überdies der Mieterschutz, wie auch Dr. Hertz hervorhebt, einen erhöhten Konsum in verschiedenen Artikeln des Lebensbedarfs, vielleicht auch Luxuskonsum, ermöglichte, unterliegt keinem Zweifel, erklärt aber nur hohe, nicht stetig steigende Verbrauchssteuereinnahmen. Jedenfalls wird durch diese Momente die allseits bestätigte, verhältnismäßig günstige Lage der Lebensmittelgewerbe, die auch bei der Steigerung der Spareinlagen eine nicht unbedeutende Rolle zu spielen scheint, erklärt.

Bei alledem bleibt aber, wenn man Steuerergebnisse und Wirtschaftsbild gegenüberstellt, ein unaufgeklärter Rest. Es erübrigt eigentlich, nur anzunehmen, daß einerseits Überkonsum, andererseits Übersteuerung das, rein fiskalisch betrachtet, sehr befriedigende Resultat ermöglicht haben. Für die Tatsache der Übersteuerung spricht, wenn auch nicht dem Wortlaute, so doch dem Sinne nach, die jüngst (im September 1928 auf dem Salzburger Juristentage) vom österreichischen Finanzminister gemachte Feststellung, daß in Österreich die Höchstgrenze für die Abgabenbelastung erreicht sei, im Munde eines Finanzministers unzweifelhaft ein nicht gewöhnliches, überaus charakteristisches Zugeständnis. Des weiteren spielt, wie bereits angedeutet, eine gewisse Überanspannung der Steuerkraft durch die Veranlagungsbehörden — bei den direkten Steuern des Bundes, aber auch bei autonomen Abgaben — in der Richtung der Übersteuerung eine Rolle, wenn auch viele diesbezügliche Beschwerden aus Interessentenkreisen übertrieben sein mögen. Selbst ganz unbefangene Beobachter, wie die Gewerbeinspektoren in ihrem Berichte über das Jahr 1927, führen ungünstige wirtschaftliche Erscheinungen (Konkurrenzunfähigkeit, Betriebseinstellungen) einerseits auf Kapitalmangel, andererseits auf die Abgabenbelastung zurück. Im letzten Grunde würde Übersteuerung im obigen Sinne (steigende Steuererträgnisse bei ungünstiger oder abflauender Konjunktur) doch wohl bedeuten, daß eine nicht bestimmbare Quote des Steuerertrages durch Zehrung vom Kapital bestritten wird. Selbstverständlich muß eine Steuerpolitik, die solche Wirkungen, wenn auch gewiß nicht beabsichtigt, im Gefolge hätte, nicht nur die Kapitalbildung in hohem Maße behindern, sondern auch den Arbeitsmarkt ungünstig beeinflussen, d. h. zur Erhöhung der Arbeitslosigkeit beitragen. Daß Übersteuerung Arbeitslosigkeit mit sich bringen muß, wird leider, obwohl es sich dabei um eine logisch zwingende Gedankenreihe handelt, meist verkannt, weil ganz konkrete und unmittelbare Zusammenhänge zwischen diesen beiden Erscheinungen selten nachweisbar sind.

Auch für die Art der Kapitalverwertung werden stark angespannte oder überspannte Steuern bestimmend sein. Es wird jene Kapitalverwertung bevorzugt werden, bei welcher man Steuern (legitim) ersparen oder vermeiden kann. So werden z. B. die großen österreichischen Bankinstitute Beteiligungen an ausländischen Finanztransaktionen unter Umständen gegenüber inländischen Geschäften den Vorzug geben, da hierbei gewisse Steuern (Umsatzsteuern, Fürsorgabgabe — die letztere, da die eigentliche Bearbeitung des Geschäftes im Auslande erfolgt —) in Wegfall kommen.

Daß in dem jetzigen Zustande der Abgabengesetzgebung in Österreich Reformen und Änderungen wünschenswert, ja geboten wären, ist nach dem Dargelegten unzweifelhaft. Wie aber bereits eingangs betont wurde, muß Kritik und Reformeifer mit den gegebenen Verhältnissen, d. h. mit der eigentümlichen Lage und den singulären Lebensbedingungen der österreichischen Gesamtwirtschaft, aber auch der österreichischen Politik, die ja natürlich in der österreichischen Finanzverfassung ihren Niederschlag gefunden hat, rechnen. Die heftigen Kämpfe, die gerade jetzt um die Abgabenteilung stattfinden, sind in dieser Richtung sehr bezeichnend.

Grundvoraussetzung jeder Reform wäre einvernehmliches Vorgehen aller maßgebenden (Bundes- und autonomen) Faktoren in wichtigen Fragen der Steuerpolitik, ferner insbesondere Übereinstimmung darin, daß nicht nur den Massenkonsum belastende Steuern schädlich und daher nach besten Kräften zu reduzieren oder doch zu begrenzen sind, sondern daß auch die private Kapitalbildung durch die Steuerpolitik nach Möglichkeit geschont werden muß. Zwischen diesen beiden Forderungen besteht ein untrennbarer Zusammenhang, der gerade in bezug auf die österreichischen Verhältnisse besondere Beachtung verdient. Je mehr die Kapitalbildung zurückbleibt, desto weniger können Besitzsteuern staatswirtschaftlich ausreichende Beträge abwerfen, desto unerbittlicher wird sich daher die Notwendigkeit Geltung verschaffen, das Schwergewicht auf Massenverbrauchssteuern zu legen. Das unbefriedigende Verhältnis zwischen Besitz- und Verbrauchssteuern hängt speziell bei den Bundesabgaben ganz vornehmlich mit der rückständigen Kapitalbildung zusammen. Eine Herabsetzung der Bundesverbrauchssteuern und Kompensierung des Ausfalls bei den Besitzsteuern ist heute in Österreich, wie schon bemerkt, völlig ausgeschlossen. Wünschenswert wäre vielmehr u. a. eine Erleichterung bei der Erwerbsteuer, eine Senkung der Körperschaftssteuer und die Freilassung der Passivzinsen von dieser, wenigstens insolange, als der Kreditbedarf der österreichischen Volkswirtschaft ungeschwächt andauert. Daneben wäre schonendes Vorgehen bei der Veranlagung der Erwerb- und Einkommensteuer überall dort zu fordern, wo ein Verdacht der Unehrlichkeit gegenüber dem Steuerpflichtigen nicht besteht, vielmehr Anzeichen vorliegen, daß der Steuerdruck Konkurrenzfähigkeit und Kapitalbildung nachhaltig behindere.

Eine kompensationslose Herabsetzung der Verbrauchssteuern in einem erheblichen Ausmaße kann dem Bunde, wie die Dinge jetzt liegen, kaum zugemutet werden. Die fortlaufend günstigen Gebahrungsergebnisse dürfen nicht darüber täuschen, daß Rückschläge bei dem jetzigen Stande der österreichischen Wirtschaft nicht ausgeschlossen sind, diese aber bei einer laxeren Steuerpolitik um so gefährlicher werden könnten, als die Aufnahme von Anleihen durch den Bund für die Bestreitung von Auslagen wertvermehrenden Charakters nur auf großen Umwegen und mit Schwierigkeiten möglich ist, da Österreich in dieser Beziehung seine Souveränität bei weitem noch nicht erlangt hat, vielmehr von zahlreichen internationalen Instanzen abhängig ist. Eine ins Gewicht fallende Einschränkung des Ausgabenetats kommt beim Bunde kaum in Frage. Zwar hat sich die wünschenswerte Sparsamkeit und erreichbare Ausgabenbeschränkung auch hier noch bei weitem nicht restlos durchgesetzt. Aber andererseits hat der Bund legitime Ansprüche, wie die der Bundesangestellten auf wenigstens annähernde Erhöhung ihrer Bezüge auf das Vorkriegsniveau, ferner das Inkraftsetzen der Alters- und Invalidenversicherung eben mit Rücksicht auf die Finanz- und Wirtschaftslage und um Störungen des mit so großen Opfern hergestellten budgetären Gleichgewichts zu vermeiden, bisher zurückgestellt. Anders liegen die Dinge, was die Reduktion des Ausgabenetats betrifft, bei den Ländern und Gemeinden. Hier hat sich die Krankheit namentlich junger Demokratien — lockere und etwas unbekümmerte Ausgabenwirtschaft — viel stärker eingenistet. Restriktionen in immerhin ins Gewicht fallendem Umfange wären wenigstens außerhalb Wiens durch Sparsamkeit und Enthaltsamkeit gewiß zu erzielen. Hinsichtlich der Ausgabenpolitik der Gemeinde Wien ist Grundsätzliches bereits gesagt worden. Die Ökonomie der Verwaltung gibt hier zu Bemängelungen weniger Raum. In welcher Weise eine Ausgabenreduktion in den autonomen Budgets für Steuerreduktionen zu verwenden wäre, ergibt sich aus dem früher Dargelegten. In erster Linie kämen die Lohn- (Fürsorge-) Abgaben in Betracht, in Wien speziell auch eine weitere Reform der Wertzuwachsabgabe, die übrigens für sich allein ohne Zusammenhang mit einer Ausgabenrestriktion ein berechtigtes Desiderium darstellt. Dasselbe gilt hinsichtlich der Einschränkung der bei der Veranlagung einzelner Abgaben wahrnehmbaren hyperfiskalischen Tendenzen. Kein Zweifel sollte darüber aufkommen dürfen, daß dort, wo ein Ausgabenprogramm ohne weitere Abgabenerhöhung nicht realisierbar ist, der Weg der Ausgabenrestriktion und nicht der der Abgabenerhöhung zu betreten ist.

Eine Erörterung des Zusammenhanges zwischen den österreichischen Steuern und dem Kapitalbildungsprozesse kann an der in Österreich uneingeschränkt fortbestehenden Institution des Mieterschutzes nicht stillschweigend vorübergehen. Wie immer man nämlich den Einfluß der Steuerbelastung im allgemeinen und einzelner Steuern im besonderen auf die Kapitalbildung einschätzen mag, so steht doch fest, daß dieser Einfluß gegenüber jenem, den der Fortbestand des Mieterschutzes auf die Kapitalbildung ausübt, weit zurücktritt. Durch den Mieterschutz wird für einen sehr wichtigen Teil des Kapitalbesitzes, nämlich den Hausbesitz, nicht nur die Kapitalbildung unterbunden, sondern sogar die einfache Reproduktion des Kapitals verhindert. Welch' folgenschwere Bedeutung ein solcher Zustand im Rahmen des sonst kapitalistisch geordneten Wirtschaftslebens nicht nur für die Kapitalbildung, sondern auch für den Kreditmarkt (im Hinblick auf die Einschränkung der Kreditunterlagen) hat, braucht kaum hervorgehoben zu werden. Andererseits ist bereits betont worden, wie wichtig der Fortbestand des Mieterschutzes für die Konsumgewohnheiten und die Konsumfähigkeit breiter Volksschichten geworden ist. An der Tatsache, daß der Mieterschutz sich in den Anschauungen dieser Schichten eingelebt hat und mit ihm kalkuliert wird, sind bisher alle Bestrebungen zu einer mehr oder minder einschneidenden Reform, so sehr sie durch schwerwiegend rechtliche oder ökonomische Gründe gestützt werden konnten, gescheitert. Dieses ungemein heikle, vom Parteikampfe umbrandete Problem hier im Detail zu erörtern bzw. zur Frage der ökonomischen Berechtigung des Fortbestandes des Mieterschutzes Stellung zu nehmen, würde offensichtlich den Rahmen des Referates überschreiten. Festgestellt muß aber werden, daß der Mieterschutz einerseits auf die Kapitalbildung und auf die Zinsfußentwicklung eine kaum zu überschätzende nachteilige Wirkung übt, andererseits hinsichtlich der Konsumkapazität der österreichischen Bevölkerung, zum Teil auch hinsichtlich der Konkurrenzfähigkeit der österreichischen Unternehmer, eine unleugbare Rolle spielt. Er stellt somit ein kardinales Problem dar, an dessen sachgemäßer Lösung die ganze österreichische Wirtschaft im höchsten Maße interessiert ist.

Printed by Libri Plureos GmbH
in Hamburg, Germany